NOUVEAUX PRINCIPES

DE

GRAMMAIRE

FRANÇAISE;

Par H. C. GARGAN,

PROFESSEUR AU COLLÈGE ROYAL DE BOURGES.

PARIS,

A la librairie classique de L. HACHETTE,
rue Pierre-Sarrazin, n° 12.

BOURGES,

Chez VERMEIL, libraire, place des Carmes.

—

1832.

CET OUVRAGE SE TROUVE AUSSI CHEZ L'AUTEUR.

BOURGES, IMP. DE P. A. MANCERON.

PRÉFACE.

La grammaire française que je publie renferme un assez grand nombre d'innovations, si on la compare aux ouvrages élémentaires de ce genre. Mais pour peu qu'on y prenne garde, on s'apercevra que j'ai seulement appliqué à l'étude de notre langue des principes qui, presque tous, ont été puisés dans les grammaires générales les plus recommandables. Placé toutefois entre des opinions souvent divergentes, et forcé de me décider entr'elles, ou de les concilier de mon mieux, je pouvais m'égarer aisément. Aussi, pénétré d'une juste défiance, j'ai demandé un juge en qui la sincérité ne fût pas plus douteuse que le savoir. J'ai été assez heureux pour l'obtenir. M. BURNOUF a lu ma grammaire en entier; il a même pris la peine de m'adresser plusieurs observations qui m'ont été du plus grand secours, double faveur pour laquelle je le prie de recevoir ici l'expression publique de ma reconnaissance. Le suffrage dont il m'a honoré est à la fois la récompense de mes efforts et le titre le plus sûr à l'indulgence des Critiques (1).

---

(1) Je dois pourtant avouer que je n'ai pu me résoudre à faire le sacrifice d'une dénomination dont M. Burnouf conteste moins la justesse que la nécessité. Au reste cette innovation même se réduit presque à rien, par suite de l'amendement qu'il m'a été facile d'y apporter.

On ne sera peut-être pas fâché de trouver ici un aperçu rapide des principaux changements qui distinguent cette grammaire de celles de mes devanciers. Je vais donc les exposer en peu de mots.

Cet ouvrage se divise en trois parties.

Dans la première, je considère les mots en dehors de la phrase. Au lieu de les définir péniblement et sans fruit pour l'élève, j'essaie de lui en rendre la connaissance familière au moyen de quelques procédés extrêmement simples.

Le verbe a été l'objet d'un travail tout particulier. En n'admettant qu'une seule conjugaison, j'ai constaté l'inutilité des classifications en usage. Car entre Domergue qui compte deux congaisons et Wailly qui les élève à onze, les grammairiens se sont plus ou moins rapprochés de ces deux limites ; quelques-uns même ont été au delà. Avec la distinction du *radical* et le tableau des *terminaisons* que je donne à la page 32, il n'y a pas de verbe qu'on ne puisse conjuguer aisément, et même sans recourir à cet appareil de *formations* qui n'est pour la mémoire qu'une charge de plus.

Le système des *temps* a subi aussi quelques modifications fort importantes et qui ont en leur faveur les autorités les plus respectables (1). Au reste, on ne doit pas craindre que ces changements mettent la moindre

---

(1) Je renvoie particulièrement à l'Hermès de Harris et aux remarques de M. Thurot.

confusion dans l'esprit des élèves déjà initiés à l'étude de la grammaire française. L'expérience m'a prouvé que les enfants s'y familiarisent sans peine dans l'intervalle de deux classes. Si cependant le nom d'*aoriste* effrayait trop des oreilles françaises, on pourrait s'en tenir aux dénominations reçues.

La seconde partie renferme une analyse complète de la phrase. En créant, sous le nom de *Période*, un nouvel ordre de propositions, je crois avoir fait connaître la véritable nature des *subordonnées*; et la distinction que j'établis entre la *conjonction* et le *conjonctif*, jette, ce me semble, un nouveau jour sur toute cette partie de la grammaire.

L'exposition de la syntaxe suit progressivement l'analyse de la phrase. Cette méthode m'a paru plus rationnelle, plus féconde en résultats que celle qui consiste à reprendre successivement le substantif, l'adjectif, etc., en recueillant sous chacun de ces titres les règles qui s'y rattachent.

J'ai fait entrer dans la troisième partie, tout ce qui n'a pu, par divers motifs, avoir place dans la seconde. On y trouvera une théorie du verbe qui est le complément nécessaire de la conjugaison. J'y ai même introduit la substance du traité des *tropes* de Dumarsais, en élaguant toutes ces dénominations de *Catachrèse*, de *Synecdoque*, d'*Antonomase*, etc., qui, en dépit de leur étymologie grecque, n'en sont pas moins barbares et insignifiantes. Bien convaincu d'ailleurs de cette vérité reconnue par Dumarsais lui-même, que *le nom ne fait rien à la chose*, que *le principal est de savoir que l'expression est figurée et en quoi elle est figurée*, c'est sur la signification seule que j'appelle toute l'attention de l'élève.

J'avais d'abord le dessein de rédiger par questions la table des matières, afin d'exercer à la fois le jugement et la mémoire. Mais après de mûres réflexions, je me suis décidé à n'en rien faire. Ces programmes sont nécessairement incomplets à moins d'être fort volumineux ; et, comme ils présentent constamment une chose sous le même point de vue, la routine trouve encore le moyen de s'y retrancher avec succès. L'usage d'interroger est excellent sans doute; mais il exige une grande variété dans la position des demandes, sans quoi l'on retombe infailliblement dans l'inconvénient qu'on prétendait éviter.

ERRATA.

Je donne ici, sous forme d'*errata*, les changements que j'ai cru devoir apporter à la théorie des sons.

Page 1 *ligne* 16. Les caractères de l'alphabet servent à représenter les *sons simples* et les *sons articulés* de la langue française.

Les sons simples s'appellent aussi *voix* ou *voyelles*.

SONS SIMPLES, VOIX OU VOYELLES.

Il y a douze voyelles, etc.

P. 3, *lig.* 10.   SONS ARTICULÉS.

Les sons articulés se composent d'un son simple et d'une *articulation*.

Les articulations se nomment aussi *consonnes*.

CONSONNES, etc., etc.

P. 3, *lig.* 20, après *observations générales.* Une articulation ou consonne ne peut pas faire un son à elle seule. Ainsi quand je dis B, on entend distinctement le son simple *e*, précédé d'une articulation. Néanmoins on comprend quelquefois sous le nom général de *sons*, les voyelles et les consonnes. Mais il vaut mieux les appeler *éléments des sons*.

Parmi les trente éléments des sons, etc.

P. 4., *lig.* 1, au lieu de : *ne représentant aucun son*, lisez : *ne représentant aucune articulation*.

P. 4. *l.* 6, au lieu de : *considérées comme sons*, lisez : *considérées comme voix ou articulations*.

P. 4, *lig.* 29, au lieu de *sons figurés*, lisez : *voix ou articulations figurées*, etc.

P. 3, l. 18, M peut être rapportée aux dentales. *Ajoutez :*
       LL, GN, se nomment aussi *mouillées*.

P. 8, l. 26, assez, *lisez*, chez.

P. 10, l. 19, il, elle, *ajoutez* : ils, elles.

P. 12, l. 21, dillettante. *lisez*, dilettante.

P. 16, l. 27, soixante deux, *lisez*, soixante-deux.

P. 18, l. 1, n'a pas de pluriel. *ajoutez*, devant le mot, *espèce*.

P. 20, l. 5, *en remontant* : après Port-Royal, *lisez*, d'après Port-Royal et l'abbé Girard.

P 45, l. 2, soit qu'ils manquent, *lisez*, soit qu'il manque.

P. 50, l. 26, ceux de peuples, *ajoutez* : de religions.

P. 51, l. 30, énorgueilli, *lisez*, enorgueilli.

P. 59, l. 18, on, *lisez*, ou.

P. 65. *l. dernière*, proposition, *lisez*, préposition.

P. 101, l. 22, je sens que je suis heureux, *lisez*, je sens que (*pour combien*) je suis heureux.

NOUVEAUX PRINCIPES

DE

GRAMMAIRE FRANÇAISE.

~~~~~~

PREMIÈRE PARTIE.

DES MOTS.

———❦❧———

INTRODUCTION.

DES LETTRES ET DES SONS. (1):

I. L'alphabet français contient vingt-cinq caractères ou lettres qui se divisent en *voyelles* et en *consonnes*.

II. Les *voyelles*, au nombre de six, sont : *a, e, i, o, u, y.*

III. Les *consonnes*, au nombre de dix-neuf, sont : *b, c, d, f, g, h, j, k, l, m, n, p, q, r, s, t, v, x, z.*

IV. Les caractères de l'alphabet servent à représenter tous les *sons* de la langue française, lesquels sont au nombre de trente.

Les sons se divisent, comme les lettres, en voyelles et en consonnes (2).

VOYELLES.

Il y a douze voyelles :

---

(1) On peut n'enseigner aux commençants que ce qu'il y a de plus indispensable dans la classification des sons.

(2) La dénomination de *son*, appliquée aux consonnes, n'est pas très-philosophique. Je l'ai pourtant conservée, parce qu'elle est généralment reçue. On dit par extension le son du *g*, du *r*, etc.

1re SÉRIE.	2e SÉRIE.	3e SÉRIE.
A.	I.	AN.
E. (1)	E. (2)	IN.
O.	U.	ON.
EU.	OU	UN.

Première série.

Les voyelles de la première série sont *aiguës* ou *graves*.

A est aigu dans *mal*, et grave dans *mâle*.

E est aigu dans *café*, et grave dans *procès*, *tête*.

O est aigu dans *hotte*, et grave dans *hôte*.

EU est aigu dans *jeune*, et grave dans *jeûne*.

Remarques sur les accents.

L'É aigu (ou *fermé*) est ordinairement marqué d'un *accent aigu* (´).

L'È grave (ou *ouvert*) est souvent marqué d'un *accent grave* (`) ou d'un *accent circonflexe* (^).

L'A, l'O et l'U graves sont souvent aussi marqués d'un accent circonflexe.

Deuxième série.

Les voyelles de la deuxième série sont *brèves* ou *longues*.

I est bref dans *il* (*il aime*), et long dans *île*.

E (*muet*) est bref dans *homme*, et long dans *je*, *te*, *se*.

U est bref dans *butte*, et long dans *flûte*.

OU est bref dans *toute*, et long dans *croûte*.

REMARQUES.

1°. Les voyelles aiguës sont ordinairement brèves, et les voyelles graves, ordinairement longues. Ainsi *O* est bref dans *hotte* et long dans *hôte*.

---

(1) Prononcez *é*

(2) Prononcez *e* comme dans *je*. Cet *e* se nomme muet.

2°. Une voyelle peut être plus ou moins aiguë, plus ou moins grave. E est plus grave dans *tête* que dans *collègue, j'appelle*.

Elle est aussi plus ou moins brève, plus ou moins longue.

3°. Le son EU a la plus grande affinité avec l'E muet ; il est seulement plus aigu ou plus grave, en sorte que l'E muet peut passer pour un son intermédiaire : *jeune, je, jeûne*.

Troisième série.

Les voyelles de la troisième série s'appellent *nazales*.

CONSONNES.

Il y a dix-huit consonnes :

	DOUCES.	FORTES.
LABIALES.	B , V.	P, F.
GUTTURALES.	G. (1)	K.
DENTALES.	D.	T.
SIFFLANTES.	Z , J.	S , CH. (2)
LIQUIDES.	L. M. N. R. LL (3), GN (4).	

M peut être rapportée aux *labiales*.

Observations générales.

I. Parmi les trente sons de la langue française, neuf sont représentés par le concours de deux lettres, attendu que l'alphabet manque d'un nombre de signes suffisants. Ce sont : *eu, ou, an, in, on, un, ch, ll, gn*.

II. En revanche, les lettres *c* et *h*, employées

---

(1) Prononcez *gue*.
(2) Prononcez *che*.
(3) Prononcez *lle*, comme dans *fille*.
(4) Prononcez *gne*, comme dans *vigne*.

séparément, *q*, *x*, *y*, ne représentant aucun son qui leur soit propre, peuvent être regardées comme superflues. Il est donc indispensable de distinguer les voyelles et les consonnes considérées comme lettres, des voyelles et des consonnes considérées comme sons.

Y se prononce *i* : *style.*

    L'y équivaut quelquefois à deux *i* : *pays*, *moyen*, se prononcent *pai-is*, *moi-ien*; cela a surtout lieu lorsqu'il est entre deux voyelles.

Q se prononce *k* ; *coq.*

C se prononce ordinairement *k* : *sac, cocarde.*

C devant *e, i, y*, se prononce *s* : *Cicéron.*

X se prononce ordinairement *ks* : *taxe.*

H ne se prononce pas : *homme.*

REMARQUES SUR L'*h.*

Il y a deux sortes d'*h* : *l'h muette* et *l'h aspirée.*

1. L'*h* muette n'empêche pas la liaison entre deux mots : *les hommes*, prononcez comme s'il y avait *lè-zhommes.*

2. L'*h* aspirée empêche toute liaison entre deux mots. Ainsi l'on écrit :

Les héros, c'est honteux;

et l'on prononce : *Lè héros, c'è honteux.*

N. B. L'*h*, quoique aspirée dans *héros*, ne l'est pas dans l'*héroïne*, l'*héroïsme*, *héroïque.*

Quoique l'*h* aspirée ne se fasse pas entendre dans la conversation, néanmoins, dans un discours soutenu, elle ajoute une aspiration à la voyelle qui la suit : c'est pour cela qu'on l'appelle *aspirée.*

Sons figurés de diverses manières.

Les sons *i, k, s* ne sont pas les seuls qui puissent être figurés de plus d'une manière.

SON.	FIGURE.	EXEMPLE.	SON.	FIGURE.	EXEMPLE.
é.	œ	OEdipe.	an.	en	enfant.
è.	{ ai. aient.	palais. ils aimaient	j.	g devant e, i, y.	gingembre.
eu.	œu.	œuvre.	f.	ph.	philosophe.
ô.	au.	autre.	k.	qu.	qualité.

SYLLABES.

Une syllabe est une lettre (comme *à*) , ou une réunion de plusieurs lettres (comme *eux*) qui se prononcent en même temps.

DIPHTHONGUES.

Deux sons voyelles renfermés dans une seule syllabe forment une diphthongue. Dans *ail*, *loi*, *lui*, j'entends deux sons voyelles *a-i*, *ou-a*, *u-i*, lesquels étant renfermés dans une seule syllabe forment autant de diphthongues.

CLASSIFICATION DES MOTS.

I. ARTICLE.

Il y a deux sortes d'*articles* :
1° L'article simple : *le*, *la*, *les.*
2° L'article composé : *du*, *au*, *des*, *aux.*

II. SUBSTANTIF.

Le *substantif* (ou *nom*) est un mot tel que :

L'homme,	la femme,	le père,	la mère.
Le chien,	la vipère,	le lion,	la perdrix.
Le livre,	la loi,	l'œil,	la haine.
L'arbre,	l'amitié,	le cheval,	l'histoire.
Louis,	Marie,	Paris,	la France.

On reconnaît qu'un mot est un substantif lorsqu'il peut être précédé de l'article, ou lorsqu'il commence par une grande lettre.

Cependant, si le mot qui commence par une grande lettre était le premier après un point, ce ne serait pas toujours un substantif.

REMARQUE.

On dit : *l'homme* pour *le homme*, *l'amitié* pour *la amitié*, *l'histoire* pour *la histoire*. Les voyelles *e*, *a*, des articles *le*, *la*, se retranchent devant une voyelle ou une *h* muette. On les remplace par un petit signe appelé *apostrophe* (').

NOMBRES.

1. On dit *l'homme,* en parlant d'un seul homme; *les hommes,* en parlant de plusieurs; *la femme,* en parlant d'une seule femme; *les femmes,* en parlant de plusieurs.

2. Les substantifs peuvent donc avoir deux *nombres*:

LE SINGULIER,	LE PLURIEL,
Quand on ne parle que d'une chose :	Quand on parle de plusieurs choses :
Le père, la mère, du lion, au livre.	*Les pères, les mères, des lions, aux livres.*

Formation du pluriel.

1. On forme le pluriel des substantifs en ajoutant *s* au singulier : *le père, les pères; le lion, les lions.*

2. Cependant quand le singulier finit par *s, x, z,* on n'ajoute rien pour la formation du pluriel : *le héros, les héros; la voix, les voix; le nez, les nez.*

3. Le pluriel de l'article simple est *les;* celui de l'article composé est *des, aux.*

GENRES.

1. Les substantifs sont du *genre masculin* ou du *genre féminin.*

LE GENRE MASCULIN	LE GENRE FÉMININ
Est ordinairement marqué au singulier par un des articles *le, du, au : le livre, du livre, au livre.*	Est ordinairement marqué au singulier par l'article *la : la femme, la mère, la loi.*

2. Quant au pluriel, il a le même article pour le masculin que pour le féminin : *les hommes, les femmes.* Ainsi, pour connaître le genre d'un substantif pluriel, il faut essayer de le mettre au singulier. *Les livres* est masculin, parce qu'au singulier on dit *le livre; les lois* est féminin, parce qu'au singulier on dit *la loi.*

III. ADJECTIF.

L'adjectif est un mot comme :

Noir, *noire*; *vert*, *verte*; *grand*, *grande*; *petit*, *petite*; *prudent*, *prudente*; *saint*, *sainte*; *bon*, *bonne*; *joli*, *jolie*, etc.

On reconnaît un adjectif lorsqu'on peut y joindre un des mots *personne* ou *chose* : *chose noire*, *personne grande*, etc.

FORMATION DU FÉMININ ET DU PLURIEL.

L'adjectif qui ne finit pas par un *e* muet, en prend un quand il accompagne un substantif féminin : *la robe noire.*

Il prend une *s*, comme les substantifs, pour la formation du pluriel : *les habits noirs*, *les robes noires.*

COMPARATIF.

Meilleur est le *comparatif* de *bon*.

Moindre ——————— de *petit*.

Pire ——————— de *mauvais*.

IV. PRONOM.

PRONOMS de la PREMIÈRE PERSONNE.	PRONOMS de la 2ᵉ PERSONNE.	PRONOMS de la TROISIÈME PERSONNE.
SINGULIER. *m. et f.* Je. Me. Moi.	*m. et f.* Tu. Te. Toi.	*m.* Il. | *f.* Elle. *m. et f.* Lui, soi.
PLURIEL. Nous.	Vous.	Ils, eux. | Elles. *m. f.* Leur.
		De tout genre et de tout nombre, Se.

REMARQUES.

1. Par bonnêteté, on dit *vous* au singulier, au lieu de *tu*, *te*, *toi*.

2. Les pronoms *se*, *soi*, s'appellent *pronoms réfléchis*.

V. VERBE.

1. Le *verbe* est un mot tel que :

Être, aimer, finir, recevoir, rendre.

Le même verbe a un grand nombre de terminaisons diverses :

Aimer, aimant, aimé, j'aime, tu aimais, il aima, nous aimerons, vous aimeriez, ils aimèrent, elle aimera, ils aimaient, etc.

2. On reconnaît qu'un mot est un verbe lorsque au moyen d'un changement de terminaison, on peut y joindre un des pronoms *je, tu, il, elle, nous, vous, ils, elles.*

On dit : *j'aime, il t'aime, il s'aime, tu m'aimes*, au lieu de *je aime, il te aime, il se aime, tu me aimes.* On remplace l'*e* des pronoms *je, me, te*, par l'apostrophe, devant tout verbe commençant par une voyelle ou une *h* muette.

VI. PRÉPOSITION.

1. Les principales prépositions sont :

A, de, en, dans, par, pour, sans, sous, sur, vers, dès, entre, parmi, avec, avant, après, assez, contre, depuis, devant, derrière, durant, envers, malgré, outre, pendant, selon.

L'usage fera connaître les autres.

2. L'article composé *du, au, des, aux*, est mis pour *de le, à le, de les, à les.*

On emploie toujours *de le, à le*, devant une voyelle ou une *h* muette : *de l'homme, à*

l'homme. Mais devant une *h* aspirée on ne se
sert que de l'article composé : *du hameau, au
hameau.*

3. L'*e* de la préposition *de* se retranche devant
une voyelle ou une *h* muette : *le temps d'étudier.*

4. On met un accent grave sur l'*e* de *dès* pour
distinguer cette préposition de l'article composé
des.

VII. ADVERBE.

Voici une liste des *adverbes* les plus usités :

Adverbes de qualité : *sagement, tristement,
saintement*, et autres terminés en *ment* et formés du féminin de l'adjectif.

Adverbes de lieu : *Ici, là* (avec un accent grave),
ailleurs, dedans, dehors, dessus, dessous.

Adverbes de temps : *hier, aujourd'hui, demain, souvent, autrefois, jamais, bientôt.*

Adverbes de quantité : *assez, beaucoup, peu,
très, tant, si* (devant un adjectif ou un autre
adverbe, comme *si sage, si sagement*), *trop,*
etc.

Adverbes de comparaison : *plus, moins,
mieux, pis, aussi, autant.*

Plus est le comparatif de *beaucoup.*
Moins ——————— de *peu.*
Mieux ——————— de *bien.*
Pis ——————— de *mal.*

Adverbes d'affirmation: *oui, certes, assurément.*
Adverbes de négation : *ne, non.*

VIII. INTERJECTION.

Les principales interjections sont :
ô, oh! ah! eh! hélas! fi!
Toutes, excepté *ô*, sont suivies d'un point d'exclamation (!)

IX. CONJONCTIF.

1. Les principaux *conjonctifs* sont *que* et *si.*

1*

2. Le conjonctif *que* combiné avec d'autres mots forme de nouveaux conjonctifs, qui se rapportent aux adjectifs, aux pronoms ou aux adverbes.

Adjectif conjonctif : *quel, quelle.*

Pronoms conjonctifs : *lequel, laquelle, duquel, de laquelle, auquel, à laquelle,* etc. Ce conjonctif est formé de l'article et de *quel.*

Qui, que, signifiant *quel* ou *lequel, quiconque, quoi, dont, où.* Ce dernier conjonctif est souvent rangé parmi les adverbes conjonctifs.

Adverbes conjonctifs : *quand, combien, comme, comment, puisque, lorsque, quoique, parce que,* et autres composés de *que.* On peut mettre dans cette classe *que* et *si.*

3. L'*e* de *que* se retranche devant une voyelle ou une *h* muette. *J'ai lu qu'Epaminondas a été le plus grand homme de la Grèce.*

Les conjonctifs *puisque, lorsque, quoique* perdent l'*e* seulement devant *on, un, il, elle*; *lorsqu'il lit, puisqu'on lit, quoiqu'un enfant lise.*

Le conjonctif *si* perd *i* devant *il, ils* : *s'il* pour *si il, s'ils* pour *si ils* (1).

X. CONJONCTION.

Les principales *conjonctions* sont :
Et, ou, ni, mais, car, or, donc.

~~~~~~

SUPPLÉMENT AU SUBSTANTIF.

I. Il y a deux sortes de substantifs : le substantif *propre* et le substantif *commun.*

---

(1) On a pu remarquer que je n'ai pas fait du participe une classe à part. C'est qu'en effet il n'y a pas plus de droits que l'infinitif, qui tient du verbe et du substantif, comme le participe tient de l'adjectif et du verbe ; en revanche j'ai introduit dans la nomenclature le conjonctif, qui remplit dans la phrase des fonctions tout aussi spéciales que la conjonction.

LE SUBSTANTIF PROPRE,	LE SUBSTANTIF COMMUN,
Comme *Pierre*, *Paul*, *Louis*; *la France*, *Paris*, *la Seine*. (Il s'écrit avec une lettre majuscule.)	Comme *l'homme*, *le lion*, *le livre*, *le chapeau*.

II. Les substantifs propres n'ont pas ordinairement de pluriel.

Il y a aussi des substantifs communs qui n'ont pas de pluriel, comme *l'enfance*, *la probité*, *la peinture*, *l'or*, *l'argent*, etc.

Quelques-uns ne sont usités qu'à ce nombre : *les ancêtres*, *les mœurs*, *les ténèbres*, *les vêpres*.

DES SUBSTANTIFS IRRÉGULIERS AU PLURIEL (1).

Nous avons vu que le pluriel des substantifs se forme en ajoutant *s* au singulier. Cependant :

I. On ajoute *x* au lieu de *s* :

1o Aux substantifs terminés au singulier par *au*, *eu*, comme le *vaisseau*, *les vaisseaux* ; *le cheveu*, *les cheveux*, etc.

2° Aux mots *bijou*, *caillou*, *chou*, *genou*, *hibou*, *pou*.

Pluriel · *bijoux*, *cailloux*, *choux*, *genoux*, *hiboux*, *poux*.

II. On change *al* en *aux* :

Le cheval, *le mal*, *le canal*.

Pluriel : *les chevaux*, *les maux*, *les canaux*.

Excepté *bal*, *carnaval*, *régal*, qui sont réguliers : *les bals*, *les carnavals*.

III. On change *ail* en *aux* dans

Bail, *corail*, *émail*, *soupirail*, *travail*,

Pluriel : *baux*, *coraux*, *émaux*, *soupiraux*, *travaux*.

Ail, pluriel : *aulx*. Ce pluriel est peu usité.

Travail fait *travails* au pluriel, quand il signifie une machine à ferrer les chevaux, ou le compte que rend un commis à un ministre.

_____

(1) On fera bien de passer la première fois tout ce qui tient aux irrégularités de la forme.

IV. *Aïeul*, *ciel*, *œil*.

Pl. *aïeux*, *cieux*, *yeux*.

Aïeul fait *aïeuls*, quand il signifie grand-père.

Ciel fait *ciels* dans *ciels de lits*, *ciels de tableaux*, et quand il a le sens de climat : *c'est un des plus beaux ciels du monde.*

Œil fait *œils* dans *œils de bœuf*, espèces de lucarnes.

SUBSTANTIFS QUI NE PRENNENT PAS LA MARQUE DU PLURIEL.

I. Il y a des substantifs qui ne prennent pas la marque du pluriel, quoiqu'ils ne soient pas terminés par *s*, *x*, *z*. Ce sont les mots empruntés des langues étrangères : des *alleluia*, des *ave*, des *alinea*, des *te-deum*, des *post-scriptum* (on peut prononcer *pos-criptum*), des *pensum*, etc.

Cependant on doit écrire des *bravos*, des *opéras*, des *factums* (prononcez *factons*), des *débets* (faites sentir le *t*).

[Un *dillettante*, homme passionné pour la musique, pluriel *dilettanti*.]

II. Quand plusieurs noms propres sont de suite, on se sert quelquefois par emphase du pluriel de l'article, mais les noms propres restent invariables : *Les Scipion*, *les Paul-Émile*, *ont fait la gloire de Rome.*

N. B. On écrit *les Scipion* sans *s*, quoiqu'il y ait eu deux généraux de ce nom.

III. Mais il y a des noms propres qui sont quelquefois employés comme noms communs et qui prennent alors la marque du pluriel. Par exemple, César ayant été un grand capitaine, on désigne souvent par ce nom un homme qui se distingue dans les armes : *C'est un César.* On dira donc au pluriel : *Ce sont des Césars.* Cicéron et Démosthène se sont rendus célèbres comme orateurs ; on pourra donc appeler les grands orateurs des *Cicérons* , des *Démosthènes*.

SUBSTANTIFS IRRÉGULIERS PAR LE GENRE.

I. *Délice* et *orgue* sont masculins au singulier et féminins au pluriel : *cela fait mon délice, mes plus chères délices ; voilà un bel orgue, de belles orgues.*

Foudre, signifiant le tonnerre, est féminin au singulier, et des deux genres au pluriel : *La foudre vengeresse, les foudres vengeurs* ou *vengeresses.*

II. Le même mot peut être masculin dans un sens, et féminin dans un autre ; alors il n'y a pas réellement d'irrégularité. Par exemple , *aigle* est féminin quand il signifie une enseigne : *les aigles romaines.* Il est masculin dans toute autre acception : *l'aigle cruel.*

Couple est féminin quand il signifie une paire, et masculin dans tout autre sens. Je dirai *une couple de pigeons*, si je veux seulement parler de deux pigeons ; et *un couple de pigeons* pour désigner le mâle et la femelle.

Enfant est masculin quand on parle d'un garçon : *voilà un bel enfant* ; et féminin quand on on parle d'une fille : *voilà une belle enfant.*

SUPPLÉMENT A L'ADJECTIF.

Il y a deux sortes d'adjectifs :

I. Les ADJECTS QUALIFICATIFS tels que *prudent, saint , vertueux, rouge , noir*, etc.

II. Les ADJECTIFS DÉTERMINATIFS tels que *un , deux , trois*, etc. ; *mon, ton, son, notre, votre, leur*, etc. ; *quelque, chaque, plusieurs*, etc.

I. DES ADJECTIFS QUALIFICATIFS.

ADJECTIFS IRRÉGULIERS AU PLURIEL.

Les adjectifs en *au* et en *al* suivent pour le pluriel la même règle que les substantifs : *nouveau, nouveaux ; moral, moraux.*

Fatal, final, nazal, théâtral sont réguliers.

Il faut éviter l'emploi du pluriel masculin de la plupart des adjectifs en *al*.

ADJECTIFS IRRÉGULIERS AU FÉMININ.

Pour former le féminin,

1º On double la consonne finale des mots terminés par

L : cruel, cruelle.—EXCEPTIONS : *mou, fou, vieux, beau, nouveau, jumeau,* font au féminin *molle, folle, vieille, belle, nouvelle, jumelle,* parce que devant une voyelle ou une *h* muette on dit au masculin *mol, fol, vieil, bel, nouvel,* et qu'on a dit anciennement *jumel.*

N : bon, bonne. — EXCEPTIONS : *benin, malin,* F. *bénigne, maligne.*

T : sot, sotte. — EXCEPTIONS : *complet, concret, discret, inquiet, secret,* F. *complète, concrète, discrète, etc.*

> REMARQUE. Quand deux *e* sont de suite, et que le second est muet, le premier est ordinairement marqué d'un accent grave. Cependant les mots en *ége*, comme piége, collége, ont l'accent aigu.

S : gros, grosse. — EXCEPTIONS : *mauvais, niais, ras,* sont réguliers ; *tiers* fait *tierce.*

2º On change :

C en :
   que : *caduc, caduque ; public, publique ; turc, turque.*
   cque : *grec, grecque.*
   che : *blanc, blanche ; franc, franche ; sec, sèche.*

F.——ve : *vif, vive.*

G.——gue : *long, longue.*

X. —— se : heureux, heureuse.— EXCEPTIONS :
doux, faux, roux, F. douce,
fausse, rousse.

EUR. — euse : danseur, danseuse.— EXCEPTIONS :
Empereur, ambassadeur, F.
impératrice, ambassadrice.
Gouverneur, serviteur. F. gou-
vernante, servante.
Meilleur, majeur, et les mots en
érieur sont réguliers.
Pécheur, vengeur, F. pécheresse,
vengeresse.

TEUR.—trice : accusateur, accusatrice. — EXCEPT.
menteur, chanteur, etc. F. men-
teuse, chanteuse, etc. — Enchan-
teur, enchanteresse.— Amateur,
auteur, littérateur, et quelques
autres n'ont pas de féminin.

Favori, fait favorite. — Châtain, fat, dispos,
n'ont pas de féminin.

DEGRÉS DE SIGNIFICATION.

I. Quand je dis : mon épée est meilleure que la
vôtre, je compare mon épée à une autre épée, et
le mot, qui sert à marquer cette comparaison, est
le comparatif meilleur.

II. On a ensuite appelé comparatif tout adjectif précédé d'un des adverbes de comparaison,
plus, moins, aussi, comme plus savant, moins
savant, aussi savant.

Plus savant, moins savant, sont des comparatifs d'inégalité; aussi savant est un comparatif
d'égalité.

III. L'adjectif est au positif, quand il n'est précédé d'aucun adverbe de comparaison : savant,
prudent, etc.

IV. En mettant devant le comparatif d'inégalité
un des articles le, la, les, du, au, etc., ou bien

un des adjectifs possessifs *mon, ton, son*, etc., on forme le *superlatif relatif* : *le plus savant, du moins savant, au moindre, le pire, mon meilleur ami, son plus bel ouvrage.*

Le *superlatif absolu* n'est autre chose que le positif précédé d'un des adverbes de quantité *très, bien, fort, extrêmement, infiniment*, etc.; *très-prudent, bien savant, fort aimable.*

V. Le *positif*, *le comparatif* et le *superlatif* sont les trois degrés de signification des adjectifs qualificatifs.

VI. Certains adverbes sont aussi susceptibles des trois degrés de signification.

POSITIF.	COMPARATIF.	SUPERLATIF.
bien,	*mieux*,	*le mieux, très-bien, fort bien*, etc.
peu,	*moins*,	*le moins, très peu, fort peu*, etc.
sagement,	*plus sagement*,	*la plus sagement, très-sagement*, etc.

II. DES ADJECTIFS DÉTERMINATIFS.

On distingue plusieurs sortes d'adjectifs déterminatifs :

I. ADJECTIFS DE NOMBRE OU ADJECTIFS NUMÉRAUX.
Un, deux, trois, etc.; *dix-sept, dix-huit, dix-neuf, vingt, vingt et un, vingt-deux, vingt-trois*, etc.; *trente et un, trente-deux*, etc.; *quarante et un, quarante-deux*, etc.; *cinquante et un, cinquante-deux*, etc.; *soixante et un, soixante-deux*, etc.; *soixante et onze, soixante-douze*, etc.; *quatre-vingt-un*, etc., *cent, mille.*

Remarquez l'emploi du *trait-d'union* (-) et de la conjonction *et.*

II. Ces adjectifs s'appellent aussi *nombres cardinaux.* Ils forment les *nombres ordinaux* :
Unième ou *premier*, *deuxième* ou *second*, *troisième, quatrième*, etc. *Unième* ne s'emploie qu'après un autre nom de nombre : *vingt et unième, cent unième.*

Remarque sur *vingt* et *cent*.

Les adjectifs numéraux *vingt* et *cent* prennent *s*, quand ils sont précédés d'un autre nombre qui les multiplie : *quatre-vingts hommes*, c'est-à-dire, quatre fois vingt hommes ; *trois cents hommes*, c'est-à-dire, trois fois cent hommes.

Mais *vingt* et *cent* rejettent la marque du pluriel quand ils sont suivis d'un autre nom de nombre : *quatre-vingt-un chevaux*, *trois cent onze chevaux*.

II. ADJECTIFS DÉMONSTRATIFS.

SINGULIER.		PLURIEL.
Masc.	Fém.	Masc. et Fém.
Ce, *cet*.	*Cette*.	*Ces*.

On dit *cet* devant une voyelle ou une *h* muette. *cet homme*, *cet enfant*.

III. ADJECTIFS POSSESSIFS.

SINGULIER.

Masculin.	Féminin.	Masculin et fém.
Mon, *ton*, *son*.	*Ma*, *ta*, *sa*.	*Notre*, *votre*, *leur*.

PLURIEL.

Masculin et féminin.

Mes, *tes*, *ses*.	*Nos*, *vos*, *leurs*.

Remarque. *Leur*, placé devant un substantif, est adjectif, *leur amitié*. Mais, placé devant un verbe, *leur* est pronom : *Je leur ai dit.*

IV. ADJECTIFS INDÉFINIS.

Un signifiant *un certain*, *autre*, *tel*, *quelconque*, *même*, *chaque* sans pluriel, *plusieurs* sans singulier, *quelque*, *tout*, pluriel *tous*, *aucun*, *nul*.

REMARQUES.

1° *Quelque* perd *e* devant *un*, *autre*: *quelqu'un*, *quelqu'autre*.

2º *Tout*, signifiant *chaque*, n'a pas de pluriel : *Des vins de toute espèce*, et non *de toutes espèces*.

3º *Aucun* et *nul* n'ont un pluriel que devant les substantifs qui manquent de singulier : *nuls*, *pleurs*; ou devant les mots qui ont au pluriel un autre sens qu'au singulier : *aucunes troupes* (*la troupe* ne peut pas se dire d'un corps d'armée).

SUPPLÉMENT AU PRONOM.

I. L'article simple *le*, *la*, *les*, est souvent employé comme pronom de la troisième personne. Dans ce cas, il est toujours placé devant un verbe : *Je le connais, je la connais.*

II. Outre les pronoms personnels, il existe :
Des PRONOMS DÉMONSTRATIFS.

Ce : Ce *que j'aime*, c'est l'étude.

En, mis pour *de lui*, *d'elle*, *d'eux*, *d'elles*, *de ceci*, *de cela*: *Je m'en réjouis*, c'est-à-dire, *je me réjouis de cela.*

Y, mis pour *à lui*, *à elle*, *à eux*, *à elles*, *à ceci*, *à cela* : *j'y veillerai*, c'est-à-dire, *je veillerai à cela.*

1.ʳᵉ REMARQUE.

Quand *ce* est placé devant un substantif, il n'est pas pronom, mais adjectif démonstratif : *ce bâton.*

2.ᵉ REMARQUE.

Le pronom *ce*, combiné avec *lui*, *elle*, *eux*, forme les pronoms *celui* (1), *celle*, *ceux*.

En ajoutant à chacun des pronoms précédents les adverbes *ci* (pour *ici*), et *là*, on obtient de nouveaux pronoms démonstratifs :

Ceci, celui-ci; celle-ci, ceux-ci.
Cela, celui-là; celle-là, ceux-là.

---

(1) On a même dit *cil pour ce il.*

Ci indique la chose la plus rapprochée ; *là* désigne la plus éloignée : *Héraclite et Démocrite étaient d'un caractère bien différent* : celui-ci *riait toujours* ; celui-là *pleurait sans cesse.*

DES PRONOMS POSSESSIFS.

SINGULIER.		PLURIEL.	
Masculin,	Féminin,	Masculin,	Feminin,
Le mien ,	*La mienne ,*	*Les miens,*	*Les miennes ,*
Le tien ,	*La tienne,*	*Les tiens,*	*Les tiennes ,*
Le sien ,	*La sienne ,*	*Les siens ,*	*Les siennes ,*
Le nôtre,	*La nôtre ,*		*Les nôtres ,*
Le vôtre	*La vôtre ,*		*Les vôtres ,*
Le leur,	*La leur ,*		*Les leurs.*

On reconnaît facilement que ce pronom est composé de l'article et d'un ancien adjectif possessif, *mien, tien, sien,* etc.

Remarquez encore l'accent circonflexe de *le nôtre, le vôtre.* Les adjectifs *notre, votre* n'en ont pas.

DES PRONOMS INDÉFINIS.

On, le plus souvent du singulier et du masculin, est de tout genre et de tout nombre. — *Chacun, autrui,* n'ont pas de pluriel.

SUPPLÉMENT AU VERBE.

Nous allons d'abord présenter la conjugaison du verbe *avoir* et celle du verbe *être.* Nous les ferons suivre de quelques remarques.

1 p, 2 p, 3 p, signifient première personne, seconde personne, troisième personne ; S., veut dire singulier, et P., pluriel ; enfin IMPÉR. et PARTIC. sont pour *IMPÉRATIF* et *PARTICIPE.*

N. B. Les verbes doivent être appris et récités suivant les colonnes horizontales.

CONJUGAISON DU

MODES. {	INDICATIF.	CONDITIONNEL	IMPÉR.
TEMPS.			
PRÉSENT. S. { 1 p. J'ai. 2 p. Tu as. 3 p. Il) a. Elle) P. { 1 p. Nous avons. 2 p. Vous avez. 3 p. Ils) ont. Elles)			Aie. Ayons. Ayez.
PARFAIT. S. { 1 p. J'ai eu. 2 p. Tu as eu. 3 p. Il a eu. P. { 1 p. Nous avons eu. 2 p. Vous avez eu. 3 p. Ils ont eu.			
IMPARFAIT. S. { 1 p. J'avais. 2 p. Tu avais. 3 p. Il avait. P. { 1 p. Nous avions. 2 p. Vous aviez. 3 p. Ils avaient.			
PLUSQUE-PARFAIT S. { 1 p. J'avais eu. 2 p. Tu avais eu. 3 p. Il avait eu. P. { 1 p. Nous avions eu. 2 p. Vous aviez eu. 3 p. Ils avaient eu.			

(1) Ce tableau ne présente pas partout les dénominations en usage. Je les rapproche ici de celles que j'ai adoptées. Forcé, pour éviter toute confusion, de changer le nom de *parfait défini*, j'ai choisi, après Port-Royal, celui d'*aoriste*, parce que le temps français répond entièrement à l'aoriste des Grecs.

Au reste, le système de conjugaison que je propose, fondé ici sur la forme, est également autorisé par la signification (voir la théorie du verbe dans la III⁰ partie.)

VERBE **AVOIR** (1).

MODES.	SUBJONCTIF.	INFINITIF.	PARTIC.
1 TEMPS.			
PRÉSENT. S. { 1 p. J'aie. (2) 2 p. Tu aies. 3 p. Il } ait. Ille } P. { 1 p. Nous ayons. 2 p. Vous ayez. 3 p. Ils } aient. Elles }	Avoir.	Ayant.
PARFAIT. S. { 1 p. J'aie eu. 2 p. Tu aies eu. 3 p. Il ait eu. P. { 1 p. Nous ayons eu. 2 p. Vous ayez eu. 3 p. Ils aient eu.	Avoir eu.	Ayant eu.

INDIC. Parfait déf. ou aoriste.   Subj. Imparf. ou aoriste.
        Parf.-ant.-déf. — aor. ant.   Pl.-parf. — aor. ant.
COND. Présent   — fut.-
        Passé   — fut.-ant.

J'ai répété l'infinitif présent dans la zone du futur par des raisons que l'on ne tardera pas à connaître.

(2) Je n'ai pas mis *que* devant les personnes de ce mode, parce qu'il n'y est pas plus essentiel que beaucoup d'autres conjonctifs. L'usage peut toutefois en être commode, si on le regarde uniquement comme un signe distinctif.

MODES. {	INDICATIF.	CONDITIONNEL	IMPÉR.
TEMPS.			
AORISTE. S. { 1 p. J'eus. 2 p. Tu eus. 3 p. Il eut. P. { 1 p. Nous eûmes. 2 p. Vous eûtes. 3 p. Ils eurent.			
AORISTE ANTÉRIEUR. S. { 1 p. J'eus eu. 2 p. Tu eus eu. 3 p. Il eut eu. P. { 1 p. Nous eûmes eu. 2 p. Vous eûtes eu. 3 p. Ils eurent eu.			
FUTUR. S. { 1 p. J'aurai. 2 p. Tu auras. 3 p. Il aura. P. { 1 p. Nous aurons. 2 p. Vous aurez. 3 p. Ils auront.		J'aurais. Tu aurais. Il aurait. Nous aurions. Vous auriez. Ils auraient.	
FUTUR ANTÉRIEUR. S. { 1 p. J'aurai eu. 2 p. Tu auras eu. 3 p. Il aura eu. P. { 1 p. Nous aurons eu. 2 p. Vous aurez eu. 3 p. Ils auront eu.		J'aurais eu. Tu aurais eu. Il aurait eu. Nous aurions eu. Vous auriez eu. Ils auraient eu.	

VERBE **AVOIR.**

MODES.	SUBJONCTIF.	INFINITIF.	PART.
TEMPS.			
AORISTE. S. { 1 p. J'eusse. 2 p. Tu eusses. 3 p. Il eût. P. { 1 p. Nous eussions. 2 p. Vous eussiez. 3 p. Ils eussent.		
AORISTE ANTÉRIEUR. S. { 1 p. J'eusse eu. 2 p. Tu eusses eu. 3 p. Il eut eu. P. { 1 p. Nous eussions eu. 2 p. Vous eussiez eu. 3 p. Ils eussent eu.		
	Avoir.	

CONJUGAISON DU

MODES. {	INDICATIF.	CONDITIONNEL	IMPÉR.
TEMPS.			
PRÉSENT.	Je suis. Tu es. Il est. Nous sommes. Vous êtes. Ils sont.		Sois. Soyons. Soyez.
PARFAIT.	J'ai été. Tu as été. Il a été. Nous avons été. Vous avez été. Ils ont été.		
IMPARFAIT.	J'étas. Tu étais. Il était. Nous étions. Vous étiez. Ils étaient.		
PLUSQUE-PARF.	J'avais été. Tu avais été. Il avait été. Nous avions été. Vous aviez été. Ils avaient été.		
AORISTE.	Je fus. Tu fus. Il fut. Nous fûmes. Vous fûtes. Ils furent.		
AORISTE-ANT.	J'eus été. Tu eus été. Il eut été. Nous eûmes été. Vous eûtes été. Ils eurent été.		

VERBE ÊTRE.

MODES. {	SUBJONCTIF.	INFINITIF.	PART.
TEMPS.			
PRÉSENT.	Je sois. Tu sois. Il soit, Nous soyons. Vous soyez. Ils soient.	Être.	Étant.
PARFAIT.	J'aie été. Tu aies été. Il ait été. Nous ayons été. Vous ayez été. Ils aient été.	Avoir été.	Ayant été.
IMPARFAIT.			
PLUSQUE-PARF.			
AORISTE.	Je fusse. Tu fusses. Il fût. Nous fussions. Vous fussiez. Ils fussent.		
AORISTE-ANT.	J'eusse été. Tu eusses été. Il eût été. Nous eussions été. Vous eussiez été. Ils eussent été.		

Suite du

MODES.	INDICATIF.	CONDITIONNEL	IMPÉR.
TEMPS.			
FUTUR.	Je serai. Tu seras. Il sera. Nous serons. Vous serez. Ils seront.	Je serais. Tu serais. Il serait. Nous serions. Vous seriez. Ils seraient.	
FUTUR ANTÉR.	J'aurai été. Tu auras été. Il aura été. Nous aurons été. Vous aurez été. Ils auront été.	J'aurais été. Tu aurais été. Il aurait été. Nous aurions été Vous auriez été. Ils auraient été.	

Remarques sur les deux tableaux précédents.

MODES.

On voit, à l'inspection de ces deux tableaux, qu'un verbe français a six *modes* : *l'indicatif*, *le conditionnel*, *l'impératif*, *le subjonctif*, *l'infinitif* et *le participe*.

Les quatre premiers sont des modes *personnels;* les deux derniers sont des modes *impersonnels.*

TEMPS.

On voit aussi qu'il y a huit *temps* dans un verbe : *le présent*, *le parfait*, *l'imparfait*, *le plusque-parfait*, *l'aoriste* (*parfait-défini*), *l'aoriste-antérieur* (*parfait-antérieur défini*), *le futur* et *le futur-antérieur.*

Ces temps sont *simples* ou *composés.*

A chaque temps simple répond un temps composé.

TEMPS SIMPLES.	TEMPS COMPOSÉS.
Présent.	Parfait.
Imparfait.	Plusque-parfait.
Aoriste (Parfait-défini).	Aoriste-antér. (parf.-ant.-déf.)
Futur.	Futur antérieur.

On forme les temps composés avec le temps

VERBE ÊTRE.

MODES.	SUBJONCTIF.	INFINITIF.	PART.
TEMPS.			
FUTUR.		Être.	
FUTUR ANTÉR.			

simple correspondant du verbe *avoir* suivi du *participe passé* simple du verbe proposé.

Par exemple , pour former le parfait du verbe *être*, on a pris le participe passé simple *été*, que l'on a fait précéder du présent du verbe *avoir*: *j'ai été*.

NOMBRES.

Chaque temps a deux nombres : le *singulier* et le *pluriel*. Il faut excepter les temps de l'infinitif qui n'ont ni l'un ni l'autre.

PERSONNES.

Enfin , chaque nombre des modes personnels a trois personnes.

Tout substantif est de la troisième personne : *Pierre est sage , ces enfans sont sages*.

Réciter de suite un verbe avec ses temps , ses modes et ses personnes, cela s'appelle *conjuguer*.

VOIX.

Il y a des verbes qui ont trois *voix*, c'est-à-dire, trois manières d'être conjugués : la *voix active*, la *voix passive* et la *voix moyenne* ou *réfléchie*.

Nous allons prendre pour modèle le verbe *plaindre*.

CONJUGAISON DU VERBE

	INDICATIF.	CONDITIONNEL	IMPÉR.
Présent.	Je plain s. Tu plain s. Il plain t. Nous plaign ons. Vous plaign ez. Ils plaign ent.		Plain s. Plaign ons Plaign ez.
Parfait.	J'ai (1) Tu as Il a Nous avons Vous avez Ils ont } plaint.		
Imparfait.	Je plaign ais. Tu plaign ais. Il plaign ait. Nous plaign ions. Vous plaign iez. Ils plaign aient.		
Plusque-parf.	J'avais Tu avais Il avait Nous avions Vous aviez Ils avaient } plaint.		
Aoriste.	Je plaign is. Tu plaign is. Il pl ign it. Nous plaign imes. Vous plaign ites. Ils plaign irent.		
Aoriste-antér.	J'eus Tu eus Il eut Nous eûmes Vous eûtes Ils eurent } plaint.		

(1) Il existe un second parfait peu usité : *j'ai eu plaint, tu as eu plaint, il a eu plaint, nous avons eu plaint, vous avez eu plaint, ils ont eu plaint.*

PLAINDRE. — *VOIX ACTIVE.*

	SUBJONCTIF.	INFINITIF.	PARTIC.
PRESENT.	Je plaign e. Tu plaign es. Il plaign e. Nous plaign ions. Vous plaign iez. Ils plaign ent.	Plaind re.	Plaign ant
PARFAIT.	J'aie Tu aies Il ait Nous ayons } plaint. Vous ayez Ils aient	Avoir plaint.	Ay. Plaint
IMPARFAIT.			
PLUSQUE-PARF.			
AORISTE.	Je plaign isse. Tu plaign isses. Il plaign it. Nous plaign issions. Vous plaign issiez. Ils plaign issent.		
AORISTE ANTÉR.	J'eusse Tu eusses Il eût Nous eussions } plaint. Vous eussiez Ils eussent.		

Suite du VERBE.

		INDICATIF.	CONDITIONNEL	IMPÉR.
Futur.		Je plaind rai. Tu plaind ras. Il plaind ra. Nous plaind rons. Vous plaind rez. Ils plaind ront.	Je plaind rais. Tu plaind rais. Il plaind rait. Nous plaind rions. Vous plaind riez. Ils plaind raient	
Futur anter.	J'aurai Tu auras Il aura Nous aurons Vous aurez Ils auront } plaint.		J'aurais Tu aurais Il aurait Nous aurions Vous auriez Ils auraient } plaint	

Remarques sur la conjugaison de la voix active.

La voix active suit la même conjugaison que les verbes *avoir* et *être*.

Les temps composés se forment d'après les mêmes règles.

RADICAL ET TERMINAISON.

Dans les temps simples, il faut soigneusement distinguer le *radical* et la *terminaison*. Dans *nous plaignons*, *plaign* est le radical, et *ons* la terminaison. Le tableau du verbe *plaindre* présente partout le radical séparé de la terminaison.

TEMPS PRIMITIFS ET TEMPS DÉRIVÉS.

Considérés relativement au radical, les temps simples se subdivisent en temps *primitifs* et en temps *dérivés*.

Les temps *primitifs* sont :

PLAINDRE. — *VOIX ACTIVE.*

	SUBJONCTIF.	INFINITIF.	PART.
FUTUR.		Plaind re.	
FUTUR ANTÉR.			

1º L'*infinitif* (c'est ainsi qu'on désigne ordinairement le présent ou futur de ce mode.

2º Le *participe* présent.

3º Le *présent* de l'indicatif, première personne du singulier.

4º L'*aoriste* (Parfait défini).

On forme un temps dérivé en ajoutant les terminaisons qui lui appartiennent au radical de son temps primitif.

Le tableau suivant renferme, entre deux filets doubles, chaque temps primitif avec ses dérivés; il présente de plus toutes les terminaisons des temps simples.

TABLEAU des terminaisons et

			INDICATIF.			CONDITIONNEL.
RADICAL du présent.	**PRÉSENT.**	S. {	1 p. e, s, x,	2 p. es, s x	3 p. e. }, t(1).	....
RADICAL du participe.		P.	ons,	ez,	ent.	
	IMPARF.	S. P.	ais, ions,	ais, iez,	ait. aient.	
RADICAL de l'aoriste.	**AORISTE.**	S. P.	ai, âmes,	as, âtes,	a, èrent.	....
		S. P.	is, îmes,	is, îtes,	it, irent.	....
		S. P.	ins, înmes,	ins, intes,	int, inrent.	....
		S. P.	us, ûmes,	us, ûtes,	ut, urent.	....
RADIC. de l'infin.	**FUTUR.**	S. P.	rai, rons,	ras, rez,	ra, ront,	rais, rais, rait, rions, riez, raient.

(1) Les verbes dont le radical se termine au présent par une des lettres *d*, *t*, *c*, ne prennent pas de *t* à la troisième personne du singulier : *je prends*, *il prend*, *je convaincs*, *il convainc*.

Usage du tableau précédent.

Pour conjuguer les temps simples d'un verbe à

de la dérivation des temps simples.

IMPÉR.	SUBJONCTIF.			INFIN.	PART.
1 p. 2 p.	1 p.	2 p.	3 p.		
.........e.	e ,	es ,	e.		ant.
.... s.					
ons , ez.	fons ,	iez ,	ent.		
....	asse,	asses,	ât,		
....	assions,	assiez,	assent.		
....	isse,	isses,	it,		
....	iss ons ,	issiez ,	issent.		
....	insse,	insses,	int,		
....	inssions,	inssiez,	inssent.		
... .	usse ,	usses ,	ût,		
....	ussions,	ussiez ,	ussent.		
				(r.	
				(re.	

l'aide de ce tableau, il faut d'abord distinguer la terminaison de chaque temps primitif, afin d'en connaître le radical. Dans *je plains*, la terminaison étant *s*, le radical est *plain;* dans *j'aime*, la terminaison étant *e*, le radical est *aim*.

On écrit ensuite le radical autant de fois que cela est nécessaire, et l'on y ajoute successivement la terminaison propre à chaque personne.

Le présent et l'aoriste ayant plusieurs séries de terminaisons sur le tableau, on prend celle dont le temps primitif qui est à conjuguer offre la première personne. Ainsi dans *j'aime*, la terminaison *e* commence la série des terminaisons *e*, *es*, *e*, etc ; dans *je plains*, la terminaison *s* commence la série des terminaison *s*, *s*, *t*. Pour *j'aimai*, ce sera *ai*, *as*, *a*, etc., *asse*, *asses*, *ât*, etc., et pour *je plaignis*, on aura *is*, *is*, *it*, etc. *isse*, *isses*, *it*, etc.

Il faut s'exercer d'abord séparément, et ensuite concurremment à la formation et à la conjugaison des temps simples et des temps composés.

VERBES A CONJUGUER.

INFINITIF.	PARTICIPE.	PRÉS. INDIC.	AORISTE.	PARFAIT. (1)
Aimer,	aimant,	j'aime,	j'aimai,	j'ai aimé.
Offrir,	offrant,	j'offre,	j'offris,	j'ai offert.
Dormir,	dormant,	je dors,	je dormis,	j'ai dormi.
Fuir,	fuyant,	je fuis,	je fuis,	j'ai fui.
Vêtir,	vêtant,	je vêts,	je vêtis.	j'ai vêtu.
Coudre,	cousant,	je cous,	je cousis,	j'ai cousu.
Croire,	croyant,	je crois,	je crus,	j'ai cru
Croître,	croissant,	je crois,	je crûs,	j'ai crû.
Taire,	taisant.	je tais,	je tus,	j'ai tû.
Résoudre,	résolvant,	je résous,	je résolus,	j'ai résous.
Vivre,	vivant,	je vis,	je vecus,	j'ai vécu.
Haïr,	haïssant,	je hais,	je haïs,	j'ai haï.

Remarquez le double point ou *tréma* sur l'ï de tous les temps de *haïr*, moins le présent. Le tréma se place sur les voyelles *i*, *u*, *e*, pour empêcher qu'on ne les joigne à la voyelle précédente. Sans le tréma, on prononcerait *hèr*, *hessant*, etc. Ecrivez de même avec le tréma *Saül*, *ciguë*.

Tuer,	tuant,	je tue,	je tuai,	j'ai tué.

(1) A la suite des temps primitifs, je donne le parfait qui indique à la fois l'auxiliaire et le participe des temps composés.

Dans les verbes terminés à l'infinitif en *uer*, on met un tréma sur l'*i* aux deux premières personnes plurielles de l'imparfait : *nous tuïons*, *vous tuïez.*

Essuyer,   essuyant,   j'essuie,   j'essuyai,   j'ai essuyé.

Dans les verbes en *yer*, l'*y* se change en *i* devant un *e* muet : *j'essuie*, *ils essuient.*

Effacer,   effaçant,   j'efface,   j'effaçai,   j'ai effacé.

Pour conserver au *c* le son de *s* devant *a*, *o*, *u*, on se sert d'un petit signe appelé *cédille* (.).

Voyager,   voyageant,   je voyage,   je voyageai,   j'ai voyagé.

Pour conserver au *g* le son de *j* devant *a*, *o*, *u*, on le fait suivre d'un *e*.

Peser,   pesant,   je pèse,   je pesai,   j'ai pesé.

L'*e* muet qui est avant la terminaison *er* de l'infinitif prend un accent grave quand il est suivi lui-même d'un *e* muet (p. 14.).

Appeler,   appelant,   j'appelle,   j'appelai,   j'ai appelé.
Jeter,   jetant,   je jette,   je jetai,   j'ai jeté.

Les verbes terminés en *eler*, *eter*, au lieu de prendre un accent grave, doublent l'*l* ou le *t* : *J'appelle*, *j'appellerai*, *je jette*, *je jetterai.*

Révéler,   révélant,   je révèle,   je révélai,   j'ai révélé.

L'accent aigu de l'*e* se change en accent grave, quand la syllabe suivante renferme un *e* muet : *je révèle*, *je révèlerai.*

Prendre,   prenant,   je prends,   je pris,   j'ai pris.

L'*n* se redouble entre deux *e* dont le second est muet : *ils prennent.*

Bénir,   bénissant,   je bénis,   je bénis,   j'ai bénit ou béni.

On dit *bénit*, quand on parle d'une chose consacrée par les prières des prêtres ; dans tout autre sens on écrit *béni.*

CONJUGAISON DU VERBE

	INDICATIF.		CONDIT.	IMPÉR.	
PRÉSENT.	Je suis Tu es Il } Elle } est	plaint ou plainte.		Sois	plaint ou plainte.
	Nous sommes Vous êtes Ils } Elles } sont	plaints ou plaintes.		Soyons Soyez	plaints ou plaintes.
PARFAIT.	J'ai été Tu as été Il } Elle } a été	plaint ou plainte.			
	Nous avons été Vous avez été Ils } Elles } ont été	plaints ou plaintes.			
IMPARFAIT.	J'étais Tu étais Il } Elle } était	plaint ou plainte.			
	Nous étions Vous étiez Ils } Elles } étaient	plaints ou plaintes.			
PLUSQUE-PARF.	J'avais été Tu avais été Il } Elle } avait été	plaint ou plainte.			
	Nous avions été Vous aviez été Ils } Elles } avaient été	plaints ou plaintes.			

PLAINDRE. — *VOIX PASSIVE.*

	SUBJONCTIF.		INFINITIF.	PARTICIPE.
PRÉSENT.	Je sois Tu sois Il ⎫ Elle ⎬ soit Nous soyons Vous soyez Ils ⎫ Elles ⎬ soient	plaint ou plainte. plaints ou plaintes.	Être { plaint ou plainte.	plaint, plainte, *ou* Étant { plaint ou plainte.
PARFAIT.			Avoir été { plaint ou plainte.	plaint, plainte *ou* Ayant été { plaint ou plainte.
IMPARFAIT.				
PLUSQUE-PARFAIT.				

Suite du VERBE

	INDICATIF.		CONDITIONNEL.		IMP.
AORISTE.	Je fus Tu fus Il Elle } fut Nous fûmes Vous fûtes Ils Elles } furent	plaints ou plaint ou plaint ou plaintes, plainte.			
AORISTE ANTÉR.	J'eus été Tu eus été Il Elle } eut été Nous eûmes été Vous eûtes été Ils Elles } eurent été	plaints ou plaint ou plaint ou plaintes, plainte.			
FUTUR.	Je serai Tu seras Il Elle } sera Nous serons Vous serez Ils Elles } seront	plaints ou plaint ou plaint ou plaintes, plainte.	Je serais Tu serais Il Elle } serait Nous serions Vous seriez Ils Elles } seraient	plaints ou plaint ou plaint ou plaintes, plainte.	
FUTUR ANTÉR.	J'aurai été Tu auras été Il Elle } aura été Nous aurons été Vous aurez été Ils Elles } auront été	plaints ou plaint ou plaint ou plaintes, plainte.	J'aurais été Tu aurais été Il Elle } aurait été Nous aurions été Vous auriez été Ils Elles } auraient été	plaints ou plaint ou plaint ou plaintes, plainte.	

Remarques sur la voix passive.

Chaque temps du passif se compose du même temps du verbe *être* suivi du participe présent

PLAINDRE. — *VOIX PASSIVE.*

	SUBJONCTIF.		INFINITIF.	PARTICIPE
AORISTE.	Je fusse Tu fusses Il Elle ⎱ fût Nous fussions Vous fussiez Ils Elles ⎱ fussent	plaints ou plaint ou plaintes, plainte.		
AORISTE ANTÉR.	J'eusse été Tu eusses été Il Elle ⎱ eût été Nous eussions été Vous eussiez été Ils Elles ⎱ cussent été	plaints ou plaint ou plaintes, plainte.		
FUTUR.			Être ⎱ plaint ou plainte.	
FUTUR ANTÉR.				

ou parfait, auquel nous conserverons le nom de *participe passé.*

Les verbes *avoir* et *être* considérés comme servant à la formation des temps composés, s'appellent verbes *auxiliaires.*

CONJUGAISON DU VERBE PLAINDRE.

INDICATIF.	CONDIT.	IMPÉRATIF.
PRÉSENT. Je me plains. Tu te plains. Il / Elle } se plaint. Nous nous plaignons. Vous vous plaignez. Ils / Elles } se plaignent.		Plains-toi. Plaignons-nous. Plaignez-vous.
PARFAIT. Je me suis Tu t'es Il / Elle } s'est Nous nous sommes Vous vous êtes Ils / Elles } se sont *plaint ou plainte. plaints ou plaintes.*		
IMPARFAIT. Je me plaignais. Tu te plaignais. Il / Elle } se plaignait. Nous nous plaignions. Vous vous plaigniez. Ils / Elles } se plaignaient.		
PLUSQUE-PARFAIT. Je m'étais Tu t'étais Il / Elle } s'était Nous nous étions Vous vous étiez Ils / Elles } s'étaient *plaint ou plainte. plaints ou plaintes.*		

VOIX MOYENNE ou RÉFLÉCHIE.*

	SUBJONCTIF.	INFINITIF.	PARTICIPE.
PRÉSENT.	Je me plaigne. Tu te plaignes. Il Elle } se plaigne, Nous nous plaignions, Vous vous plaigniez. Ils Elles } se plaignent,	Se plaindre.	Se plaignant.
PARFAIT.	Je me sois Tu te sois Il Elle } se soit } plaint ou plainte. Nous nous soyons Vous vous soyez Ils Elles } se soient } plaints ou plaintes.	S'être } plaint ou plainte.	S'étant } plaint ou plainte.
IMPARFAIT.			
PLUSQUE-PARFAIT.			

* (Voir la note, page 42.)

Suite du VERBE PLAINDRE.

	INDICATIF.	CONDITIONNEL.	IMP.
AORISTE.	Je me plaignis. Tu te plaignis. Il Elle } se plaiguit. Nous nous plaignîmes. Vous vous plaignites. Ils Elles } se plaignirent.		
AORISTE ANTÉRIEUR.	Je me fus Tu te fus Il Elle } se fut Nous nous fûmes Vous vous fûtes Ils Elles } se furent *plaint- ou plaint ou plaintes, plainte.*		
FUTUR.	Je me plaindrai. Tu te plaindras. Il Elle } se plaindra. Nous nous plaindrions. Vous vous plaindrez. Ils Elles } se plaindront.	Je me plaindrais. Tu te plaindrais. Il Elle } se plaindrait. Nous nous plaindrions. Vous vous plaindriez. Ils Elles } se plaindraient.	
FUTUR ANTÉRIEUR.	Je me serai Tu te seras Il Elle } se sera Nous nous serons Vous vous serez Ils Elles } se seront *plaints ou plaint ou plaintes, plainte.*	Je me serais Tu te serais. Il Elle } se serait Nous nous serions Vous vous seriez Ils Elles } se seraient *plaints ou plaint ou plaintes, plainte.*	

Remarques sur la voix moyenne ou réfléchie.

Le *moyen* ou *réfléchi* se conjugue avec un pro-

* J'ai admis une troisième voix parce qu'il existe une troisième forme pour la signification réfléchie d'un verbe ; je l'appelle *voix moyenne*, parce qu'elle est réellement *moyenne* entre l'actif et le passif ; ou la forme comme pour la signification, et parce que sous ce dernier rapport l'analogie entre notre moyen et celui des Grecs est des plus frappantes. Voyez la théorie du verbe, 5ᵉ p., et la gramm. de M. Burnouf, p. 265.

VOIX MOYENNE ou RÉFLÉCHIE.

	SUBJONCTIF.	INFINITIF.	PARTICIPE.
AORISTE.	Je me plaignisse. Tu te plaignisses. Il Elle } se plaignît. Nous nous plaignissions. Vous vous plaignissiez. Ils Elles } se plaignissent.		
L'AORISTE-ANTÉRIEUR	Je me fusse Tu te fusses Il Elle } se fut Nous nous fussions Vous vous fussiez Ils Elles } se fussent *plaints ou plaint ou plaintes, plainte.*		
FUTUR.		Se plaindre.	
FUTUR ANTÉRIEUR.			

nom de plus que l'actif et le passif : *je me,*
tu te, etc.

Les temps simples ont les mêmes terminaisons
que ceux de l'actif.

Les temps composés prennent le verbe *être,*
auxiliaire du passif. Ainsi la conjugaison du
moyen tient à la fois de l'actif et du passif.

REMARQUES GÉNÉRALES SUR LES TROIS VOIX.

1° Une foule de verbes n'ont que la voix active et la voix moyenne ou réfléchie : *plaire*, *nuire*, etc. Le participe passé moyen est alors invariable : *elle s'est plu*, et non pas *plue*.

2° Beaucoup d'autres ont seulement la voix active, comme *avoir*, *être*, *dormir*, *vivre*; etc.

3° Quelques-uns n'ont que la voix moyenne ou réfléchie : *Se repentir*, *s'abstenir*, *s'enfuir*, *se souvenir*, *s'emparer*, *s'arroger*.

VERBES IRRÉGULIERS.

Un verbe est irrégulier aux temps simples ou aux temps composés.

1° VERBES IRRÉGULIERS AUX TEMPS COMPOSÉS.

Une cinquantaine de verbes remplacent aux temps composés l'auxiliaire *avoir* par le verbe *être*. Le participe passé est variable comme au passif : *Tomber*; parf. *je suis tombé* ou *tombée*; pl.q.-parf. *j'étais tombé* ou *tombée*; fut. ant. *je serai tombé* ou *tombée*, etc.

Ainsi se conjuguent *arriver*, *entrer*, *naître*, *partir*, *retourner*, etc.

Quelques-uns se conjuguent avec *avoir* ou *être* : *apparaître*, *j'ai apparu* ou *je suis apparu*; *disparaître*, *j'ai disparu* ou *je suis disparu*; *rester*, *j'ai resté* ou *je suis resté*; etc.

2° VERBES IRRÉGULIERS AUX TEMPS SIMPLES. (1)

Un verbe est irrégulier aux temps simples, soit

---

(1) N'ayant admis qu'une seule conjugaison, je n'ai pas besoin de regarder comme irrégulier un verbe tel que *dormir* dont tous les temps dérivés se forment régulièrement des temps primitifs. Ce verbe n'est pas plus irrégulier en français que l'est en latin *mone-re*, *mone-o*, *monu-i*, *monit-um*. Mais les premiers grammairiens voulaient à toute force avoir leurs quatre conjugaisons, comme les Latins, et ce faux système d'imitation les a entraînés dans une foule d'erreurs.

que les temps dérivés ne conservent pas le radical de leurs primitifs, soit qu'ils manquent de certains temps ou de certaines personnes. Les verbes de cette dernière espèce s'appellent *défectifs*.

VERBES IRRÉGULIERS PAR LE RADICAL.

Règles générales.

1º Quelle que soit l'irrégularité du futur, le conditionnel s'en forme toujours régulièrement : *courir*, *je courrai*, *je courrais*.

2º De la troisième personne plurielle du présent de l'indicatif se forme le présent du subjonctif, moins les deux premières personnes du pluriel : Boire ; buvant ; *ils boivent* ; Subj. *je boive*, *tu boives*, *il boive*, nous buvions, vous buviez, *ils boivent*. Il y a fort peu d'exceptions.

Verbes irréguliers au pluriel du présent.

BOIRE ; buvant, *ils boivent* ; je bois ; je bus ; j'ai bu.

DIRE ; disant, *vous dites* ; je dis ; je dis ; j'ai dit. Conjuguez de même *redire* ; les autres composés de *dire* sont réguliers.

MOUVOIR ; mouvant, *ils meuvent* ; je meus ; je mus ; j'ai mû.

Verbes irréguliers au futur.

ASSEOIR, *j'assiérai* (on dit aussi *j'asseoirai*) ; asseyant ; j'assieds ; j'assis ; j'ai assis.

COURIR, *je courrai* ; courant ; je cours ; je courus ; j'ai couru.

CUEILLIR, *je cueillerai* ; cueillant ; je cueille ; je cueillis ; j'ai cueilli.

ENVOYER, *j'enverrai* ; envoyant ; j'envoie ; j'envoyai ; j'ai envoyé.

PRÉVALOIR, *je prévaudrai;* prévalant; je prévaux; je prévalus; j'ai prévalu.

; TRESSAILLIR, *je tressaillerai;* tressaillant; je tressaille; je tressaillis; j'ai tressailli.

VOIR, *je verrai;* voyant; je vois; je vis; j'ai vu.

Verbes irréguliers au présent et au futur.

ALLER, *j'irai;* allant, *ils vont;* Subj. *j'aille, tu ailles, il aille,... ils aillent;* je vais *ou* je vas, *tu vas, il va;* Impér. *va;* j'allai; il est allé (1).

ACQUÉRIR, *j'acquerrai;* acquérant, *ils acquièrent;* j'acquiers; j acquis; j'ai acquis.

APERCEVOIR, *j'apercevrai;* apercevant, *ils aperçoivent;* j'aperçois; j'aperçus; j'ai aperçu.

Conjuguez de même les verbes en *cvoir,* comme *devoir, recevoir,* etc.

FAIRE, *je ferai;* faisant ou fesant, *vous faites, ils font;* Impér. *faites;* Subj. *je fasse, tu fasses,* etc.; je fais; je fis; j'ai fait.

MOURIR, *je mourrai;* mourant, *ils meurent;* je meurs; je mourus; je suis mort.

SAVOIR, *je saurai;* sachant, *nous savons, vous savez, ils savent;* Imparf. *je savais, tu savais,* etc. Subj. *je sache, tu saches,* etc.; je sais; Impér. *sache;* je sus; j'ai su.

TENIR, *je tiendrai;* tenant, *ils tiennent;* je tiens; je tins; j'ai tenu. Conjuguez de même *venir, je suis venu.*

VALOIR, *je vaudrai;* valant; Subj. *je vaille, tu vailles, il vaille ... ils vaillent;* je vaux; je valus; j'ai valu.

---

(1) *Il est allé, ils sont allés,* se disent des personnes qui ne sont pas revenues. Le reste du temps se conjugue avec le parfait du verbe *être;* 'ai été, tu as été, etc.

DES VERBES DÉFECTIFS.

Les verbes défectifs sont ceux qui manquent de certains temps ou de certaines personnes.

Les uns conservent presque tous leurs temps et toutes leurs personnes.

Les autres n'en ont qu'un fort petit nombre.

Régles générales. 1º Tout verbe défectif qui a le participe passé a aussi les temps composés.

2º Tout verbe qui a le participe présent ou l'aoriste, en a aussi les temps dérivés.

3º Tout verbe qui a le futur a le conditionnel.

4º Tout verbe qui n'a pas les premiers de ces temps n'a pas non plus les seconds.

Il y a fort peu d'exceptions.

Verbe qui manque du participe présent et de ses dérivés.

DÉCHOIR, *je décherrai* ; je déchois ; je déchus ; j'ai déchu.

Verbes qui manquent de l'impératif.

POUVOIR, *je pourrai;* pouvant, *ils peuvent;* Subj. *je puisse*, etc.; je puis ou je peux, *tu peux, il peut;* je pus ; j'ai pu.

VOULOIR, *je voudrai* ; voulant, *ils veulent;* Subj. *je veuille, tu veuilles, il veuille .... ils veuillent;* je veux ; l'impératif n'a que *veuillez;* je voulus ; j'ai voulu.

Verbes qui manquent de l'aoriste.

ABSOUDRE ; absolvant ; j'absous ; j'ai absous. Conjuguez de même *dissoudre* et *résoudre* signifiant *réduire.*

LUIRE ; luisant ; je luis ; j'ai lui.

REPAÎTRE; repaissant ; je repais; j'ai repu. *Paître* manque en outre du participe passé.

TRAIRE ; trayaut ; je trais ; j'ai trait.

*Verbes qui n'ont qu'un petit nombre de temps
ou de personnes.*

ÉCHOIR, *j'écherrai;* échéant, *sans dérivés;* il
échoit ou il échet, *point d'autres personnes:* j'échus; il est échu.

FAILLIR, *sans dérivés:* faillant, *peu usité et sans
dérivés;* je faillis; j'ai failli. *Point de
présent.*

DÉFAILLIR, *sans dérivés:* défaillant; je défaillis;
j'ai défailli. *Point de présent.*

CLORE, *je clorai;* je clos. sans impér.; j'ai clos.
Point de participe ni d'aoriste.

FRIRE, *je frirai;* je fris: j'ai frit. *Point de participe ni d'aoriste.*

BRAIRE, *il braira:* il brait.

BRUIRE, *sans dérivés:* imparf. il bruyait, ils
bruyaient. *Bruyant* est adjectif.

CHOIR, QUÉRIR, n'ont que l'infinitif.

DE LA DÉRIVATION ET DE LA COMPOSI-
TION DES MOTS.

I. Les mots sont *radicaux* ou *dérivés.*

1° Les radicaux sont les mots primitifs d'une
langue, ceux qui n'ont été formés d'aucun autre.

2° Les dérivés sont les mots formés des radicaux.

Par exemple, *vol* (l'action de se soutenir en
l'air par le moyen des ailes) est un radical, et il
a pour dérivés:

*voler, volée, volerie, volière, volage, volaille,
volant, volet, volatil, volatille, etc.*

II. Parmi les dérivés on distingue les *simples*
et les *composés.*

Les *dérivés simples* ne se forment que d'un seul
mot. Tels sont les dérivés de *vol.*

Les *composés* se forment de plusieurs mots,

comme *vraisemblable*, composé de *vrai* et de *semblable* ; *sangsue*, composé de *sang* et de *sucer* ; *pourquoi*, composé de *pour* et de *quoi*.

III. Il y a des syllabes appelées *particules*, qui entrent aussi dans la composition des mots. Les principales sont : *a*, *dé*, *pré*, *re*, *en*, *in*. Ex. *Apaiser*, formé de *a* et de *paix*.

Déparer, formé de *dé* et de *parer*.

Préséance, formé de *pré* et de *séance*.

Revenir, formé de *re* et de *venir*, etc.

IV. Il ne faut pas confondre les mots composés avec les *locutions composées*, dont les parties sont réunies par le trait-d'union : *ciel-de-lit*, *chef-d'œuvre*, *c'est-à-dire*.

DE L'ORTHOGRAPHE.

L'orthographe est la manière d'écrire correctement les mots d'une langue.

Nous ne donnerons qu'un petit nombre de règles, parce que l'usage est presque le seul maître à cet égard.

I. Les dérivés d'un mot, le féminin d'un adjectif ou d'un participe, en indiquent souvent la consonne finale.

Plomber,	*plomb*.	*Processif*,	*procès*.
Darder,	*dard*.	*Verte*,	*vert*.
Accroc,	*accrocher*.	*Prise*,	*pris*.

II. Les dérivés à leur tour conservent l'orthographe du radical :

Prudent, *prudence*. *Abondant*, *abondance*.

Cette analogie se remarque dans les mots en *eau* :

Bel,	*beau*.	*Scel* (vieux),	*sceau*.
Nouvel,	*nouveau*.	*Tombe*,	*tombeau*.

III. Les dérivés des mots terminés en *que* ou *quer* changent *qu* en *c* :

Fabrique, *fabrication*. *Afrique*, *africain*.

3

IV. Les dérivés des mots terminés par une consonne doublent souvent cette consonne :

Don,   donner.   Amas,   amasser.
Regret,   regretter.   Trot,   trotter.

V. Les labiales *b*, *p*, *m*, ne sont jamais précédées de *n*. Cette lettre est alors remplacée par *m* :

Embarquer,   emporter,   immortel.

VI. Les mots dont la finale se prononce *sion* prennent ordinairement un *t* devant l'*i* : *nation*, *portion*, etc.

Cependant on écrit par *sion* : *aversion*, *ascension*, *dimension*, *expulsion*, *passion*, *pension*, *suspension*, *procession*, et tous ceux qui font entendre le son de *s* avant *sion* ; par *cion* : *suspicion* ; par *xion* : *connexion*, *complexion*, *réflexion*, *fluxion*.

VII. *Ment* termine tous les substantifs formés d'un verbe, excepté *calmant*.

VIII. Tous les verbes en *endre* s'écrivent par un *e*, excepté *répandre*.

Emploi des majuscules.

On écrit par une majuscule : 1º les noms d'hommes, de pays, de rivières, de montagnes, de vents, comme *Louis, Paris, le Rhône, les Alpes, l'Aquilon* ; 2º ceux de peuples et de sectes, comme les *Français*, les *Chrétiens*; mais on écrit : *l'armée française, la religion chrétienne*, parce que *française* et *chrétienne* sont adjectifs. 3º les noms de science et d'art, tels que la *Grammaire, l'Astronomie, la Musique* ; 4º les dénominations scientifiques, comme *Pléonasme, Ellipse* ; 5º les dénominations honorifiques, comme *Monsieur, Madame, Sire*; 6º tout mot qui commence un vers.

REMARQUES.

1. J'écrirai : *j'ai acheté une grammaire, de la musique*, parce que ces mots ne désignent pas l'art ou la science elle-même.

2. Quand les mêmes dénominations scientifiques reviennent fréquemment dans un ouvrage, elles perdent la majuscule.

3. Plusieurs grammairiens écrivent *monsieur, madame, etc.*

DE LA PRONONCIATION.

Nous ne donnerons pas les mots dont l'usage est trop fréquent pour qu'il soit possible de s'y tromper.

Lettres qui ne représentent aucun son.

A Aoriste, *taon, toast.*

I. *Moignon, poignée* et ses dérivés.

O. *Faon.*

C. *Lacs, cric, marc* (poids), *échecs* — *Marc*, nom propre, et *échec* au singulier font entendre le c final.

F. *Cerf*; dans les pluriels *œufs, bœufs, nerfs*, et même au singulier dans *œuf frais, œuf dur, nerf de bœuf, bœuf salé, bœuf gras.*

G. *Legs, signet.*

L. *Gentilshommes.* Mais au singulier, l'L de *gentilhomme* prend le son mouillé.

P. *Cep.*

Q. *Coq d'Inde.*

S. *Os, mœurs.* — Il faut faire sonner l'S dans *ours, sens,* excepté dans *sens commun.*

Lettres qui ne représentent pas leurs sons primitifs.

LETTRES.	PRONONC.	
A I	A	*Douairière.*
E	A	*Indemnité, solennel, hennir* et les dérivés
E	A N	*Enivrer, énorgueillir.*
C	C H	*Vermicelle, violoncelle.*
C H	K	*Catéchumène, chiromancie, archiépiscopal, patriarchal.*
G	K	*Gangrène.*

LETTRES.	PRONONC.	
GN	GUEN	Au commencement des mots, comme dans *gnome*, et dans *igné*, *stagnant*, *regnicole*, *imprégnation*. — GN est mouillé dans *Imprégner*, *agnus*, *incognito*.
GUI	GUÏ	*Aiguiser*, *inextinguible*.
QU	KU	A *quià*, *équestre*, *liquéfier*, *questeur*, *quirinal*, *ubiquiste*. — *Quiétisme*, se prononce *Kiétisme*.
QU	KOU	*Aquatique*, *équateur*, les mots commençant par QUADR, comme *quadrupède*.
S	Z	Entre deux voyelles comme dans *maison*. — Mais *s* a le son qui lui est propre dans *Pusillanimité*, *gisant*, *gisait*, etc., *transir*, et dans les mots composés où le radical commence par cette lettre, comme *préséance*, *désaler*, etc.
TI	SI	Entre deux voyelles comme dans *prophétie* ; prononcez de même *ineptie*, *inertie*, et les mots terminés en TION, comme *nation*, à moins que cette terminaison ne soit précédée de *s* ou de *x* : *gestion*, *mixtion*.

Prononciation de quelques noms propres.

ORTHOGRAP.	PRONONCIATION.	ORTHOGRAP.	PRONONCIATION.
Auxerre.	Ausserre. Ainsi se prononce *x* dans plusieurs noms de ville.		mands terminés en *er*.
		Gibbon.	Guibbon.
		Gibelins	Guibelins.
Béarn.	Béar.	Guise.	Guise.
Broglie.	Brolle (*ll* mouillé.)	Guide (le)	Guide (le)
Caen	Can.	Laws.	Lass.
Chersonè-		Michel-An-	
se.	Kersonèse.	ge.	Mikel-Ange.
Clugny.	Clüny.	Montaigne.	Montagne. En général *ai* se prononce *a* dans les noms propres où il est suivi de *gn*.
Cotignac.	Cotigna.		
Duguesclin	Duguéclin.		
Gessner.	Guessner. Le dernier *e* est muet. Cette observation est générale aux noms alle-	Newton.	Neuton.
		Priest (de St.)	Pri (de St.)

ORTHOGRAP.	PRONONCIATION.	ORTHOGRAP.	PRONONCIATION.
Progné.	Proguené.		latin.
Quaker.	Kouaker (e muet.)	Regnard.	Renard.
Quintilien.	Kuintilien. Prononcez de même	Shakespeare.	
	dans les noms	re.	Chekspire.
	propres venus du	Sully.	Sully (ll mouillé.)

REMARQUES SUR LA LIAISON DES MOTS.

I. Les mots terminés par un des sons nazals *an*, *in*, etc., se lient au mot suivant, et font entendre l'*n* finale, quand les deux mots sont si bien liés par le sens, qu'ils se prononcent comme un seul. *Ex.*

On aime, mon ami, certain endroit, il est bien instruit, il n'a rien oublié, etc.

Prononcez : *On naime, mon nami*, etc. *Un homme* se prononce *u-nhomme.*

Mais on dira sans faire de liaison : *L'ambition est un vice funeste ; j'aime bien un enfant studieux*, parce qu'on peut s'arrêter après *l'ambition* et *bien.*

II. *D* et *g* finals se prononcent, le premier comme *t*, le second comme *k*, devant une voyelle ou une *h* muette : *grand homme, sang humain*; prononcez *grant homme, sank umain.*

MODÈLES D'ANALYSE GRAMMATICALE.

L'étude de la Grammaire appartient presque toute au raisonnement, et la mémoire ne doit intervenir que pour ce qui est essentiellement de son ressort. Il faut donc que chaque leçon soit l'objet d'une analyse qui force l'enfant à comparer et à juger. Cette méthode, en rendant les principes plus familiers, développe singulièrement l'habitude de la réflexion.

Aussitôt que l'élève aura vu ce que c'est que

l'article, il s'exercera à le retrouver dans un auteur français qu'on lui aura mis entre les mains.

Il continuera les mêmes recherches pour le substantif, et dira, par exemple, à la lecture des premières lignes de Télémaque :

Calypso ; ce mot est un substantif, parce qu'il commence par une grande lettre.

Du , article composé.

Départ , substantif, parce qu'on peut dire *le départ.*

On fera ensuite distinguer les substantifs singuliers ou pluriels , masculins ou féminins.

Quand l'élève, en suivant cette marche progressive, aura passé en revue les dix sortes de mots, on pourra exiger de lui une analyse détaillée de cette manière :

Ni l'or ni la grandeur ne nous rendent vraiment fortunés.

Ni	Conjonction.
l'	Pour *le* article simple masculin singulier. On remplace l'*e* par une *apostrophe* devant une voyelle.
or	Substantif, parce qu'on peut dire *l'or;* masculin, parce qu'il est précédé de *le ;* singul., parce qu'on ne parle que d'une seule chose ; sans pluriel.
ni	Conjonction.
la	Article simple fémin. sing.
grandeur	Substantif, parce qu'on peut dire *la grandeur ;* fém. parce qu'il est précédé de *la :* singul., parce qu'on ne parle que d'une seule chose. Le pluriel est *les grandeurs,* il se forme en ajoutant *s* au singulier.
ne	Adverbe de négation.
nous	Pronom de la première personne au pluriel.
rendent	Verbe , parce qu'on peut dire avec un changement de terminaison , *je rends, tu rends, il rend,* etc.
vraiment	Adverbe, parce qu'on ne peut le rapporter à aucune autre espèce de mots.
fortunés,	Adjectif, parce qu'on peut dire *personne fortunée;* masculin , parce qu'il n'est pas terminé par un *e* muet ; pluriel, parce qu'il est terminé par une *s.*

· On peut négliger quelques-uns de ces détails, quand l'élève est plus avancé. Au surplus, voici un modèle d'analyse qui s'applique à toute la première partie.

Il est certain que chez tous les peuples les mœurs se sont adoucies très-sensiblement à la suite de l'introduction des arts libéraux.

Il	Pronom de la 3ᵉ pers. du masc. singulier.
est	Verbe, 3ᵉ pers. sing. prés. indic. venant de *être*, *étant*, *je suis*, *je fus*, *j'ai été*; sans passif ni moyen.
certain	Adjectif qualif. masc. sing. ; le fém. est *certaine*; le plur. *certains*, *certaines*.
que	Conjonctif.
chez	Préposition.
tous	Adj. déterminatif indéf. masc. plur. , ven. de *tout*, *toute*, plur. *tous*, *toutes*.
les	Art. simpl. masc. plur.
peuples	Subst. comm. masc. plur. ; le singulier est *peuple*.
les	Art. simple féminin. plur.
mœurs	Subst. comm. féminin. plur. sans sing.
se sont a-doucies	Verbe, 3ᵉ p. plur. parf. ind. moyen , ven. de *adoucir*, *adoucissant*, *j'adoucis*, *j'adoucis* . *j'ai adouci*, passif *je suis adouci*, moyen *je m'adoucis* ; De plus , ce mot est composé de la particule *a* et de *doucir* formé de l'adjectif *doux*, mot radical.
très-sensi-blement	Adverbe au superlatif absolu.
à	Préposition.
la	Article simple , féminin singulier.
suite	Subst. comm. , fém. sing. ; le plur. est *les suites*. Ce mot est dérivé de *suivre*.
de	Préposition.
l'	Pour *la* , artic. simp. fémin. sing.
introduction	Substantif comm. fém. sing. ; le pluriel est *les introductions*. Ce mot est composé de la particule *intro* et de *duction* qu'on retrouve dans plusieurs autres mots composés tels que *séduction* , *déduction* , etc.
des	Art. comp. masc. plur. mis pour *de les*.
arts	Subst. comm. masc. plur. ; le sing. est l'*art*.
libéraux.	Adj. qualif. masc. plur , venant de *libéral*, *libérale*; plur. *libéraux*, *libérales*. Ce mot est dérivé de *libre*, mot radical.

J'appelle cette sorte d'analyse , *analyse grammaticale* , parce que l'on y considère les mots en dehors de la phrase , et seulement d'après leur classification.

DEUXIÈME PARTIE.

DE LA PHRASE.

Jusqu'à présent nous avons fait connaître les propriétés générales des mots considérés séparément. Nous allons maintenant examiner comment on les emploie dans la phrase. C'est l'objet de la *syntaxe*.

NOTIONS PRÉLIMINAIRES.

I. Une *phrase* est une réunion de mots qui forment un sens complet.

Le premier mot doit commencer par une lettre majuscule.

La fin d'une phrase est ordinairement annoncée par un point (.), et quelquefois par un point d'interrogation (?), ou p.r un point d'exclamation (!).

II. On distingue trois sortes de phrases :

1º La *proposition* ; 2º la *période* ; 3º la *phrase composée*.

DE LA PROPOSITION.

Dieu est bon. Pierre n'est pas studieux.

I. Une proposition se connaît à ce qu'elle ne contient qu'un verbe à un mode personnel (*est*). (2)

---

(2) La proposition est *l'expression d'un jugement par lequel on affirme qu'une chose convient ou ne convient pas à une autre.* Mais cette définition m'a paru trop abstraite pour des commençants.

II. La proposition est *affirmative*, quand le verbe n'est pas accompagné d'une négation (*Dieu est bon*).

La proposition est *négative*, quand le verbe est accompagné d'une négation, comme *ne*, *ne pas*, *ne point*, etc. (*Pierre n'est pas studieux.*)

Des parties de la proposition.

SUJET, ATTRIBUT ET VERBE SUBSTANTIF.

Dieu est bon.

I. Dans toute proposition on distingue trois *parties essentielles.*

1º La chose dont on parle (*Dieu*).

2º Ce qu'on dit de cette chose, ce qu'on lui attribue (*bon*).

3º Le verbe (*est*).

II. La chose dont on parle se nomme *le sujet* de la proposition.

Ce qu'on dit du sujet, la qualité qu'on lui attribue est *l'attribut.*

Quant au verbe *être* qui sert à lier le sujet à l'attribut, et par lequel on *affirme* que l'attribut convient au sujet, il s'appelle verbe *substantif.* C'est le VERBE par excellence.

REMARQUE. L'attribut désigne avec le sujet une seule et même personne, une seule et même chose. *Dieu* et *bon* ne désignent qu'une seule personne; il en est de même de *Pierre* et de *studieux.*

Verbe attributif.

J'ai, pour *je suis ayant; Paul joue*, pour *Paul est jouant; Paul a joué*, pour *Paul est ayant joué.*

Souvent le verbe et l'attribut sont renfermés en un seul mot.

Les mots qui renferment le verbe *être* et l'attribut se nomment pour cette raison verbes *attributifs* (ou *adjectifs*).

Tous les verbes, excepté le verbe substantif *être*, sont de cette classe.

3*

REMARQUE. Le verbe *être* est quelquefois attributif lui-même *Dieu est*, c'est-à-dire, *Dieu est existant*.

MANIÈRE DE CONNAÎTRE LE SUJET ET L'ATTRIBUT.

Dieu est bon.

I. Pour connaître le sujet, il faut, avant tout, chercher le verbe qui est à un mode personnel (*est*). On le met à la troisième personne, s'il n'y est pas déjà.

Ensuite on fait la question *Qu'est-ce qui... ?* ou *Qui est-ce qui... ?* suivie du verbe, et, s'il y a lieu, de quelqu'autre mot naturellement amené par le sens.

Demande : *Qui est-ce qui est bon ?* Réponse : *Dieu.* Sujet.

II. On trouve l'attribut en faisant la question *quoi ?* après le sujet obtenu et *le verbe substantif* ÊTRE.

Dieu est... D. Quoi ? R. bon. Attribut.

DES MOTS QUI SERVENT DE SUJETS OU D'ATTRIBUTS.

Pierre est studieux. Il est aimé.

I. Le sujet est ordinairement un substantif ou un pronom (*Pierre*, *il*).

Les pronoms *je*, *tu*, *il*, *ils*, *on*, ne peuvent être employés qu'en qualité de sujets.

II. L'attribut est ordinairement un adjectif ou un participe passé passif (*studieux*, *aimé*).

Place du sujet, du verbe et de l'attribut.

Dans l'ordre direct, le sujet se place à la tête de la proposition ; il est suivi du verbe, après lequel vient l'attribut, qui termine la proposition. (Voyez les exemples ci-dessus).

ACCORD DU VERBE ET DE L'ATTRIBUT AVEC LE SUJET.

J'aimai, tu aimas, il aima, nous aimâmes, vous aimâtes, ils aimèrent. Pierre est studieux, Marie est vertueuse, ils sont estimés.

1. Le verbe prend le même nombre et la même personne que son sujet. *Aimai* est à la première personne, parce que le sujet *je* est un pronom de la première personne ; *aimes* est à la 2e personne, parce que *tu* est un pronom de la seconde personne, et ainsi de suite.

II. L'attribut s'accorde avec le sujet en genre et en nombre : *vertueux* est au masculin et au singulier, parce que *Pierre* est du masculin et au singulier; *vertueuse* est au féminin singulier, par ce que *Marie* est du féminin et au singulier, etc.

Remarques. I. *Je, tu, nous, vous, on,* sont masculins, s'ils se rapportent à un homme; et féminins, s'ils se rapportent à une femme : *je suis heureux, je suis heureuse ; on est heureux, on est heureuse.*

L'article se place souvent devant *on,* et surtout après *si, et, on ; si l'on parle, et l'on parle,* etc.

2. Lorsque, par honnêteté, on dit *vous,* en parlant à une seule personne, l'attribut ne prend pas la marque du pluriel : *vous êtes estimé.*

Au contraire, lorsque *on* est pluriel, ce qui arrive quelquefois, c'est l'attribut seul qui prend la marque du pluriel, le verbe reste au singulier.

On est malheureux, mes amis, quand on est séparés.

DES COMPLÉMENTS.

La soif insatiable des richesses est contraire à l'amour de la vertu.

I. Si l'on compare cette phrase à celle-ci :
Soif... est... contraire....

On reconnaîtra facilement que la première présente un sens complet, tandis que la seconde n'est pas même intelligible.

Les mots *la*, *insatiable*, *des richesses*, *à l'amour*, *de la vertu*, qui servent à *compléter* l'expression de la pensée sont des *compléments*.

La, *insatiable des richesses*, sont les compléments du sujet *soif*; *à l'amour de la vertu* est le complément de l'attribut *contraire*.

Des parties logiques et des parties grammaticales.

I. *La soif insatiable des richesses* est le sujet *logique* de la proposition; le sujet *grammatical* est *soif*. *Contraire à l'amour de la vertu* est l'attribut *logique*; *contraire* est l'attribut *grammatical*.

Insatiable des richesses est le complément logique de *soif* dont le complément grammatical est *insatiable*. *Insatiable* a pour complément logique *des richesses*, et pour complément grammatical *richesses*, qui a pour complément logique et grammatical *des*.

On peut faire les mêmes observations sur le complément logique *à l'amour de la vertu*.

II. Donc : 1º une *partie logique* se compose de *tous les mots* unis par le sens.

2º Une *partie grammaticale* est seulement le *premier mot* le plus rigoureusement amené par le sens.

DES DIFFÉRENTES ESPÈCES DE COMPLÉMENTS.

I. Quand je dis *le livre de Pierre*, *livre* désigne une chose et *Pierre* en désigne une autre.

II. Au contraire, *le* et *livre* ne désignent ensemble qu'une seule et même chose, savoir un livre.

De même, *livre précieux*, *table ronde*, *campagne agréable*, présentent chacun à l'esprit l'idée d'une seule chose, savoir d'un livre, d'une table, d'une campagne.

III. Il y a donc deux sortes de compléments :

1° Les compléments *substantifs*, qui ne désignent pas une seule et même chose avec le mot auquel ils se rapportent.

2° Les compléments *adjectifs*, qui désignent une seule et même chose avec le mot auquel ils se rapportent.

IV. Comme dans l'ordre direct un complément doit être placé après le mot auquel il se rapporte, ce dernier se nomme *antécédent*. *Livre* est l'antécédent de *Pierre* ; *table* est l'antécédent de *ronde*, etc.

V. Les compléments substantifs et les compléments adjectifs se subdivisent en plusieurs espèces, dont voici le tableau :

COMPLÉMENT...

SUBSTANTIF — direct. — indirect — principal. circonstanciel.

ADJECTIF — déterminatif. qualificatif. attributif.

VI. les compléments substantifs sont analogues au sujet, et ordinairement exprimés, comme lui, par un substantif ou un pronom.

Les compléments adjectifs sont analogues à l'attribut, et ordinairement exprimés, comme lui, par un adjectif ou un participe.

REMARQUE. Les grammairiens appellent souvent *régimes* les compléments substantifs,

RÈGLE GÉNÉRALE DES COMPLÉMENS SUBSTANTIFS.

J'aime DIEU. — *Le livre DE* PIERRE. — *Utile A sa* PATRIE.

La plupart des compléments substantifs sont précédés d'une préposition. Les prépositions les plus ordinaires sont *A* et *DE*.

RÈGLE GÉNÉRALE DES COMPLÉMENS ADJECTIFS.

Dieu SAINT. — CES *hommes sont* BONS. — CETTE *femme paraît* VERTUEUSE.

Les complémens adjectifs variables s'accordent en genre et en nombre avec leur *antécédent*.

RÈGLES PARTICULIÈRES.

I. DES COMPLÉMENTS SUBSTANTIFS.

1° COMPLÉMENT DIRECT.

J'aime DIEU. — *J'aime.*. D. Qui? R. *Dieu*, complément direct.

J'aime LA LECTURE — *J'aime...* D. Quoi? R. *la lecture*, complément direct.

I. Le complément direct est celui qui répond à l'une des questions *qui?* ou *quoi?* faite après un *verbe* ATTRIBUTIF.

REMARQUES. 1. Le complément direct répond à la question *quoi?* ainsi que l'attribut ; mais cette question se fait pour le dernier après le verbe substantif *être*, et non après un verbe *attributif*.

2. Un verbe ne peut avoir qu'un seul complément direct.

II. Tout verbe qui peut avoir un complément direct se nomme verbe *transitif* (ou *actif.*)

On reconnaît ordinairement un verbe transitif à ce qu'on peut mettre à sa suite *quelqu'un* ou *quelque chose*. Ainsi les verbes *plaindre*, *aimer*, *finir*, *recevoir*, etc., sont transitifs, parce qu'on peut dire *plaindre quelqu'un*, *aimer quelqu'un* ou *quelque chose*, *finir quelque chose*, *recevoir quelqu'un* ou *quelque chose*.

Place du complément direct.

SUBSTANTIF.

Quand le complément direct est un substantif

il se place après le verbe, comme on peut le voir dans les exemples précédents.

PRONOM.

Il ME *connaît.* — *Il connaît....* D. Qui? R. ME, pour *moi.*

Je LE *connais.* — *Je connais...* D. Qui? R. *le*, pour *lui.*

Il NOUS *connaît.* — *Il connaît...* D. Qui? R. *nous.*

Quand le complément direct est un pronom, il se place avant le verbe.

On emploie les pronoms *me, te, se, le, la, les*, pour *moi, toi, soi, lui, elle, eux, elles.*

REMARQUE. Lorsqu'on dit : *elle se connaît*, *elle* et *se* désignent en réalité une seule et même personne, une seule et même chose. Toutefois, comme l'action de connaître suppose deux personnes, dont l'une connaît, tandisque l'autre est connue, l'idée de *elle* reste distincte dans l'esprit de celle qui est exprimée par *se*, et ce dernier pronom fait partie des compléments substantifs.

Cette remarque s'applique à tous les verbes moyens ou réfléchis, lesquels se conjuguent avec deux pronoms dont l'un est sujet et l'autre complément.

Dans les mêmes verbes moyens ou réfléchis, le verbe *être* remplace le verbe *avoir* par une raison que nous ferons connaître plus loin. Ainsi *je me suis plaint* est pour *je m'ai plaint.*

2.º COMPLÉMENT INDIRECT.

J'ai donné un habit au PAUVRE. — *J'ai donné...* D. A qui? R. *Au pauvre*, complément indirect.

Le livre de PIERRE *est précieux.* — *Le livre...* D. De qui? R. *De Pierre*, complément indirect.

Le complément indirect ne répond pas aux questions *qui?* ou *quoi?* mais à une des questions *de qui? de quoi? à qui? à quoi? où? quand? combien? comment?* etc.

Usage de la préposition.

I. Les compléments indirects sont presque toujours précédés d'une préposition qui sert à les
unir à l'antécédent. Tel est l'usage le plus général de la préposition.

II. La plupart des prépositions ont, comme les
autres mots, une signification qui leur est propre.

Par exemple, il y a des prépositions qui marquent :

Le lieu : *chez, dans, devant, derrière, entre,
parmi, sous, sur, vers ;*

L'ordre : *Avant, après, dès, depuis ;*

L'opposition : *contre, malgré, outre.*

III. Les prépositions *pour, avec, par, en,*
ont un grand nombre d'acceptions diverses.

Les prépositions par excellence sont *A* et *DE,*
parce qu'elles se trouvent employées dans des
rapports si multipliés qu'elles peuvent passer
pour de simples liens.

DES DIFFÉRENTES SORTES DE COMPLÉMENTS INDIRECTS.

Dieu parla A MOÏSE SUR LE MONT SINAÏ AVEC
UNE MAJESTÉ IMPOSANTE.

Dieu parla... D. A qui ? R. *à Moïse,* compl.
indir.

Dieu parla... D. Où ? R. *sur le Mont Sinaï,*
compl. indir.

Dieu parla... D. Comment ? R. *avec une majesté,* etc., compl. indir.

I. Le même mot peut avoir plusieurs compléments indirects.

Parmi les compléments de *parla,* celui que le
sens amène le plus impérieusement est *à Moïse.*
Nous l'appellerons complément indirect *principal.*

Les deux autres compléments sont des complé-ments indirects *circonstanciels*.

Pour simplifier, nous réserverons le nom de complément *indirect*, au complément indirect *principal*.

II. Les compléments *indirects* sont ceux qui répondent aux questions *de qui ? de quoi ? à qui ? à quoi ?*

Les compléments *circonstanciels* sont ceux qui répondent aux questions *où ? quand ? combien ? comment ?* ou à toute autre demande que l'on peut faire avec une préposition suivie de *qui* ou de *quoi*, comme *par qui ? par quoi ? sur qui ? sur quoi ?* etc.

REMARQUE. Ce n'est pas qu'un complément circonstanciel ne soit dans beaucoup de cas amené par le sens tout aussi néces-sairement qu'un complément indirect. Par exemple, si je dis : *je vais...* le sens commande la question *où ?* avant toute autre, et la réponse *en France* pourrait bien passer pour un complément principal. Mais la division des compléments en principaux et en circonstanciels facilite beaucoup l'exposition des règles sur cette partie de la Grammaire.

DES COMPLÉMENTS INDIRECTS PRINCI-PAUX.

Un substantif ou un pronom peut être complé-ment indirect :

1º D'un substantif ou d'un pronom.
2º D'un adjectif ou d'un verbe.
3º D'un adverbe.

COMPLÉMENT INDIRECT D'UN SUBSTANTIF OU D'UN PRONOM.

Le livre DE PIERRE, *celui* DE VOTRE SŒUR.

Le complément indirect d'un substantif ou d'un pronom est celui qui répond à une des questions *de qui ?* ou *de quoi ?* Il est donc toujours précédé de la proposition *de*.

REMARQUE.

Les seuls pronoms qui puissent avoir un complément indirect sont : 1º Les pronoms démonstratifs, *celui*, *celle*, *ceux* ; 2º le pronom indéfini, *chacun*.

COMPLÉMENT INDIRECT D'UN ADJECTIF OU D'UN VERBE.

Il est avide de louanges. Il est utile à la patrie. Je jouis du repos. J'ai donné un habit au pauvre.

Le complément indirect d'un adjectif ou d'un verbe est celui qui répond à une des questions *de qui? de quoi? à qui? à quoi?* Il est donc toujours précédé d'une des prépositions *de* ou *à*.

REMARQUE.

On dit avec un nom de personne : *Emprunter* DE *quelqu'un* ou À *quelqu'un*.

Participer à sig. avoir part à: il *participe aux faveurs du Roi.*

On dit avec un nom de choses : *Emprunter son autorité* DE *la justice.*

Participer de signifie *tenir de la nature; le mulet participe* DE *l'âne et* DU *cheval.*

PLACE ET EMPLOI DE QUELQUES PRONOMS COMPLÉMENTS D'ADJECTIFS OU DE VERBES.

Il me donnera.— Il nous donnera. — Il vous sera utile.

J'en ai reçu des protestations d'amitié; mais je ne m'y fie pas.

On emploie et l'on place avant le verbe :

1º Les pronoms *me, te, se, nous, vous, lui, leur*, mis pour *à moi, à toi, à soi, à nous, à vous, à lui, à elle, à eux, à elles.*

Il me donnera, c'est-à-dire, *il donnera à moi; il vous sera utile*, c'est-à-dire, *il sera utile à vous.*

2º *En*, mis pour *de lui, d'elle, d'eux, d'elles, de ceci, de cela.*

J'en ai reçu, c'est-à-dire, *j'ai reçu de lui, d'elle*, etc.

3º *Y*, mis pour *à lui*, *à elle*, *à eux*, *à elles* (en parlant des choses), *à ceci*, *à cela*.

Je ne m'y fie pas, c'est-à-dire, *je ne me fie pas à cela*, *à elles* (les protestations).

I. *Remarque sur les pronoms* lui , leur , etc.

Les pronoms *lui*, *leur*, *elle*, *elles*, servant de compléments indirects s'appliquent seulement aux personnes ou aux choses personnifiées : *cette plante demande à être arrosée; il faut lui donner de l'eau*. La plante est présentée ici comme une personne qui demande quelque chose.

II. *Remarque sur le pronom complément de la voix moyenne ou réfléchie.*

Le pronom complément du moyen est tantôt complément direct, comme dans *il se donne à vous*, pour *il donne soi ;* et tantôt complément indirect, comme dans *il s'est donné des éloges*, pour *il a donné à soi; je me rappelle cela* pour *je rappelle à moi.*

Dans les verbes qui n'ont que la voix moyenne ou réfléchie, comme *se souvenir*, *se repentir*, ce pronom doit toujours être regardé comme complément direct. Il faut pourtant excepter *s'arroger;* on dit *s'arroger quelque chose*, pour *arroger quelque chose à soi.*

III. *Remarque sur l'emploi des compléments.*

Ne confondez pas entr'elles les différentes sortes de compléments. Ne dites point, par exemple, *je l'ai pardonné, j'ai déjeûné ou dîné avec un pâté*, mais bien, *je lui ai pardonné, j'ai déjeûné ou dîné d'un pâté. Pardonner* n'a pour complément direct que des noms de choses : *pardonner une chose à quelqu'un;* et *déjeuner*, *dîner*, ne demandent *avec* que devant les noms de personnes : *déjeûner*, *dîner d'un pâté avec quelqu'un.*

COMPLÉMENT INDIRECT D'UN VERBE PASSIF.

Il est aimé de Dieu. — Il a été frappé de la foudre.

Le complément indirect d'un verbe passif répond souvent à une des questions *de qui? de quoi?* et est par conséquent précédé de la préposition DE.

REMARQUE. Quand on dit : *il a été frappé par son ennemi*, le complément est circonstanciel, et c'est le complément le plus ordinaire. On met *de*, quand le verbe marque un sentiment, une passion, comme l'amitié, la haine, l'estime, etc.; et très-souvent quand le complément est un substantif de choses.

Observations sur le changement de l'actif en passif.

I. Au lieu de cette phrase : *le chat a mangé la souris.*

On peut dire : *la souris a été mangée par le chat.*

On a par ce moyen *tourné l'actif en passif*, et le complément DIRECT de la première phrase est devenu le SUJET de la seconde.

II. Il faut soigneusement observer cette règle dans les changements de ce genre. Ainsi *mon fils a été pardonné* serait une proposition fautive, parce qu'on ne dit pas, *j'ai pardonné mon fils*, mais seulement, *j'ai pardonné à mon fils*, et que l'on a pris, non pas le complément *direct*, mais le complément *indirect*, pour en faire un sujet.

III. On doit faire la même observation à l'égard de certains adjectifs ordinairement terminés en *able*, lesquels ont le sens passif. Ne dites pas *mon fils est pardonnable*, parce que cela signifierait : *mon fils peut être pardonné.* Employez un autre adjectif: *mon fils est excusable*, ou une autre tournure : *la faute de mon fils est pardonnable*, parce qu'on dit : *excuser quelqu'un, pardonner quelque chose.*

DES VERBES CONSIDÉRÉS EU ÉGARD A LEURS COMPLÉMENTS.

I. Nous avons déjà vu que le verbe *transitif* est celui qui peut être suivi d'un complément direct.

II. Un verbe qui ne peut avoir de complément direct est désigné par le nom de verbe *intransitif* (ou *neutre*). Les verbes *aller*, *partir*, *dormir*, *nuire*, etc., sont intransitifs, parce qu'on ne dit pas : *aller quelqu'un* ni *quelque chose*, *partir quelqu'un* ni *quelque chose*, *dormir quelqu'un* ni *quelque chose*, *nuire quelqu'un* ni *quelque chose*.

III. Les verbes intransitifs n'ayant pas de compléments directs n'ont pas de passif.

IV. Parmi les verbes intransitifs, les uns exigent un complément, les autres n'en ont pas nécessairement besoin, parce qu'ils expriment seuls une idée complète. Ces derniers s'appellent *intransitifs absolus*. Les verbes *dormir*, *courir*, *dîner*, sont de ce nombre.

V. Les verbes, soit transitifs soit intransitifs, sont employés *absolument*, quand ils manquent, les premiers, de leurs compl. dir., les seconds, de leurs compléments indirects : *J'aime, je nuis.*

Changement du transitif en intransitif et de l'intransitif en transitif.

I. Il y a des verbes transitifs qui deviennent intransitifs en changeant de signification.

VERBES TRANSITIFS.	VERBES INTRANSITIFS.
Éclairer quelqu'un, c'est l'instruire.	*Éclairer à quelqu'un*, c'est porter de la lumière sur son passage.
Aider quelqu'un, c'est l'assister de son argent, de ses conseils, etc.	*Aider à quelqu'un*, c'est porter une partie de son fardeau, c'est partager son travail.
Insulter quelqu'un, c'est l'outrager de fait ou de paroles.	*Insulter à quelqu'un*, c'est manquer aux égards que réclament la faiblesse ou le malheur : *son luxe insulte à la misère publique.*

II. On trouve même des verbes transitifs qui peuvent être employés comme *intransitifs absolus*. Le sens de ces verbes se rapproche beaucoup du sens passif.

VERBES TRANSITIFS.	VERBES INTRANSITIFS ABSOLUS.
Cet homme tourne la roue.	La roue tourne, c'est-à-dire, est tournée.
Le déluge a changé la terre.	La terre a changé par le déluge, c'est-à-dire, a été changée.

III. D'un autre côté, il y a des verbes intransitifs qui deviennent transitifs en changeant de verbe auxiliaire.

VERBES INTRANSITIFS.	VERBES TRANSITIFS.
Cet homme est monté dans sa chambre.	Cet homme a monté l'argent dans sa chambre.
Il est sorti de la prairie.	Il a sorti son cheval de la prairie.

COMPLÉMENT INDIRECT D'UN ADVERBE.

Il a agi conformément à mes ordres. J'ai assez de vin.

Le complément principal d'un adverbe est précédé d'une des prépositions *à* ou *de*. Les adverbes de quantité, *assez, beaucoup, peu*, etc, demandent toujours la dernière.

REMARQUE sur *voici, voilà*.

Les adverbes *voici, voilà*, équivalant à *vois ici, vois là*, se construisent avec leurs compléments absolument comme les verbes :

Voici, voilà mon frère; me voici; le voilà.

DES COMPLÉMENS CIRCONSTANCIELS.

Les mots qui ont le plus fréquemment des compléments circonstanciels son le *substantif*, l'*adjectif* et le *verbe*. Nous ne traiterons que des compléments circonstanciels du verbe.

COMPLÉMENTS CIRCONSTANCIELS DU VERBE.

Complémens circonstanciels sans préposition.

On met sans préposition les compléments circonstanciels qui marquent :

1° La date : *Il viendra* (quand ?) *dimanche*, *le cinq, l'an mil huit cent quarante.*

On peut dire aussi : *En l'an mil huit cent quarante.*

2° La durée : *Il a régné* (combien de temps ?) *huit ans.*

3° Le prix , la valeur, après les verbes *coûter, valoir, estimer,* etc. *Ce livre coûte* (combien ?) *vingt sous.*

4° La manière : *Il vient* (comment ?) *le corps parfumé de mille essences.*

REMARQUE.

Aux compléments circonstanciels sans préposition qui répondent à la question *quand ?* on peut ajouter ceux qui sont accompagnés d'un participe :

Le lion dit (quand?), *les parts étant faites.*

Ou : *les parts étant faites , le lion dit.*

Compléments circonstanciels avec préposition.

Les compléments circonstanciels les plus remarquables de ce genre sont ceux qui répondent aux *questions de lieu,* ou aux *questions de temps.*

Questions de lieu : *où ? d'où ? par où ?*

Il habite (où ?) *en France. — Je vais* (où ?) *à Paris. — Je reviens* (d'où ?) *de France. — Je passe* (par où ?) *par la France.*

Le complément qui répond à la question *où ?* indique : 1° Le lieu où une chose est, se fait ; c'est alors la question *où ?* sans changement de lieu : *Il habite en France, Il se promène dans le jardin.*

2° Le lieu où l'on va ; c'est la question *où ?* avec changement de lieu : *Je vais à Paris.*

Questions de temps : *Quand ? pour combien*

*de temps ? depuis combien de temps ? en com-
bien de temps ?*

Je viendrai (quand ?) *à trois heures. — Il a
des vivres* (pour combien de temps?) *pour quatre
jours. — Il n'est pas venu* (depuis combien de
temps ?) *de trois jours. — Dieu créa le monde*
(en combien de temps ?) *en six jours.*

II. DES COMPLÉMENTS ADJECTIFS.

1⁰ DÉTERMINATIF.

I. Les déterminatifs sont :

1⁰ L'article.

2⁰ Les adjectifs déterminatifs.

II. Tout substantif commun doit être précédé
d'un déterminatif. Nous ferons connaître les exceptions.

Accord du déterminatif.

*La vertu, les vices ; un homme, une femme ;
ce livre, cette maison ; mon frère, ma sœur.*

Le déterminatif, quand il est variable, s'accorde en genre et en nombre avec le mot auquel
il se rapporte.

REMARQUE sur *mon, ton, son.*

On dit *mon, ton, son,* au lieu de *ma, ta, sa,*
devant un substantif féminin commençant par une
voyelle ou par une *h* muette : *mon âme* pour
ma âme, ton épée pour *ta épée.* Cela se fait
pour éviter l'*hiatus,* c'est-à-dire, le concours
désagréable de deux voyelles. C'est en réalité une
faute ; mais elle est commandée par l'*eupho-
nie,* c'est-à-dire, par le besoin d'éviter les sons
qui déplaisent à l'oreille.

2⁰ QUALIFICATIF.

Les qualificatifs sont : 1⁰ Les adjectifs qualificatifs ; 2⁰ Les participes.

Place du qualificatif.

L'homme vertueux est un beau spectacle.

I. Le qualificatif se place ordinairement après le substantif: (*homme vertueux.*)

II. Il y a cependant des qualificatifs qui le précèdent toujours. Ce sont le plus souvent les adjectifs qui n'ont qu'une syllabe : *beau spectacle.*

REMARQUE. La position de l'adjectif influe quelquefois sur la signification. C'est ainsi qu'il y a une différence très - sensible entre *un grand homme* et *un homme grand* ; entre *un pauvre homme* et *un homme pauvre* , etc.

III. Quand le qualificatif doit précéder le substantif, il se place immédiatement après le déterminatif : *Un beau spectacle.*

REMARQUE. Les substantifs propres prennent l'article quand ils sont précédés d'un qualificatif : *le juste Aristide.*

Accord du qualificatif.

L'homme sage, les hommes sages: la femme vertueuse, les femmes vertueuses ; le magistrat estimé, les magistrats estimés.

Les qualificatifs variables s'accordent en genre et en nombre avec le mot auquel ils se rapportent.

REMARQUES.

1. L'usage a quelquefois joint par un trait d'union l'adjectif au substantif: l'ensemble forme une locution substantive (page 81).

Une fausse-clef, un arc-boutant, une basse-taille, un plain-chant ; pluriel : *des fausses-clefs, des arcs-boutants, des basses-tailles, des plains-chants.*

2. Quand l'orthographe du premier mot est altérée au singulier, ce mot reste invariable au pluriel :

4

Un chevau-léger, *la grand'mère*, *la demi-livre*, *nu-jambe*.

Des chevau-légers, *les grand'mères*, *les demi-livres*, *nu-jambes*.

On écrit également avec un nom masculin, *demi-remèdes*, *nu-pieds*.

3. Lorsque les adjectifs *demi*, *nu*, sont placés à la suite du substantif, la règle d'accord a toujours lieu :

Deux livres et demie (sous-entendu *livre*); *jambe nue*, *pieds nus*.

DU SUPERLATIF.

La rose est la plus belle des fleurs, c'est-à-dire, *la plus belle* (fleur) *des fleurs*.

La vertu est le plus précieux des biens, c'est-à-dire, *le plus précieux* (bien) *des biens*.

Le superlatif s'accorde souvent avec un substantif sous-entendu.

REMARQUE. Quand un mot est sous-entendu dans une phrase on dit que la phrase renferme une *ellipse* (ce mot veut dire *omission*), qu'elle est *elliptique*.

Observations sur l'accord de l'article du superlatif relatif.

Dans mon parterre, cette fleur est la plus belle; ces fleurs sont les plus belles, c'est-à-dire, *est la plus belle* (des fleurs), *sont les plus belles* (des fleurs).

1o L'article s'accorde en genre et en nombre avec le substantif qui précède, quand ce substantif peut facilement être sous-entendu après le superlatif.

C'est en cet endroit que la poule a la peau le plus dure.

C'est sous Louis XIV que les grands hommes furent le plus communs.

2o L'article est invariable, quand le substantif ne peut pas être sous-entendu.

On ne pourrait pas dire que *la poule a la peau la plus dure des peaux*, mais seulement que sa peau est plus dure à tel endroit qu'à tel autre.

On ne dirait pas non plus que sous Louis XIV *les grands hommes furent les plus communs des grands hommes*, cela n'aurait aucun sens; mais seulement que sous Louis XIV les grands hommes furent plus communs qu'à toute autre époque.

Ces sortes de superlatifs se rapprochent beaucoup du comparatif.

3o ATTRIBUTIF (1).

Vous paraissez sage. — *Vous paraissez....* D. Quoi? R. *sage.*

Aristide mourut pauvre. — *Aristide mourut...* D. comment? R. *pauvre.*

On nomma Aristide le juste. — *On nomma Aristide...* Comment? R. *le juste.*

L'attributif répond aux questions *quoi? comment?* etc. faites après un verbe attributif.

REMARQUES.

1. Quelquefois l'attributif est joint au verbe par le même terme qui unit l'attribut au sujet : *Vous paraissez* ÊTRE *sage.*

2. Les mots *pour* et *comme* servent au même usage : *Il passe pour sage, je l'ai pris pour un sage, je l'ai regardé comme un sage.*

DES MOTS EMPLOYÉS SUBSTANTIVEMENT OU ADJECTIVEMENT.

1o DES MOTS EMPLOYÉS SUBSTANTIVEMENT.

Un mot est employé *substantivement* quand il sert de sujet ou de complément substantif.

(1) J'appelle ce complément, *attributif*, parce qu'il peut souvent passer pour un attribut secondaire.

Les mots susceptibles d'être employés substantivement sont : 1º l'adjectif; 2º l'infinitif; 3º l'adverbe.

ADJECTIF EMPLOYÉ SUBSTANTIVEMENT.

L'UTILE *doit être joint à* L'AGRÉABLE. — *Fuyez la société* DES MÉCHANTS. — L'UN *est préférable à* L'AUTRE. — QUELQU'UN *est venu.*

I. L'adjectif employé substantivement est ordinairement précédé de l'article ou de quelqu'autre déterminatif.

Des cheveux d'un châtain clair, des rubans d'un rose tendre.

II. L'adjectif employé substantivement est quelquefois accompagné d'un qualificatif.

On dit souvent sans préposition ni déterminatif : *des cheveux châtain clair, des rubans rose tendre.* Alors les mots *châtain clair, rose tendre* doivent être regardés comme qualificatifs.

INFINITIF EMPLOYÉ SUBSTANTIVEMENT.

INFINITIF SUJET.

MENTIR *est honteux.*	MENTIR *est un péché.*
Il est honteux de MENTIR.	*C'est un péché de* MENTIR.

Quand l'infinitif est sujet, on le place ordinairement après l'attribut auquel on le joint par la préposition *de.* Ensuite, pour remplir la place du sujet devant le verbe, on se sert des pronoms *il* ou *ce*, employés pour *cela*. (On met *ce* quand l'attribut est un substantif).

Les pronoms *il* ou *ce* sont les sujets *apparents* de la proposition.

Le sujet *réel* est toujours l'infinitif.

REMARQUE *sur les verbes* unipersonnels.

Il existe des verbes qui sont toujours précédés de *il*, parce que le sujet réel vient toujours après eux. Tels sont les verbes *il importe, il faut* : *il importe de lire*, c'est-à-dire, *lire importe* ; *il faut lire*, c'est-à-dire *lire faut* (*manque*, est nécessaire) (1). Ces verbes s'appellent *unipersonnels* (ou *impersonnels*).

REMARQUES sur *l'inversion* et le *pléonasme*.

1. Il y a *inversion* dans une phrase, lorsqu'un mot n'est pas à la place qu'il doit occuper dans l'ordre direct. Nous venons d'observer l'inversion de l'infinitif sujet dans la proposition *il est honteux de mentir*.

2. De plus, comme le verbe ne peut avoir qu'un sujet, le sujet apparent *il* ou *ce* est *surabondant*. On dit alors qu'il est employé par *pléonasme* (ou *surabondance*).

Le pléonasme est un défaut, quand il n'est pas autorisé par l'usage.

INFINITIF COMPLÉMENT DIRECT.

Je veux jouer. — *J'aime à jouer.* — *Il cessa de jouer.*

Quand l'infinitif est complément direct, il suit quelquefois immédiatement le verbe (*je veux jouer*). Le plus souvent il est précédé d'une des prépositions *à* ou *de* (*j'aime à jouer, il cessa de jouer*).

REMARQUE.

Plusieurs verbes demandent toujours la préposition *à*, d'autres la préposition *de*. Quelques-uns comme *essayer, commencer* prennent également l'une et l'autre. *Oublier* prend *à* et *de*, mais dans un sens différent :

Oublier à lire, signifie perdre l'habitude de lire.	*Oublier de lire*, signifie manquer à lire, par défaut de mémoire.

(1) On disait autrefois : *le cœur me faut* pour *me manque*.

INFINITIF COMPLÉMENT INDIRECT.

Je vous exhorte à lire. — *Ils ont désespéré de réussir.*

Je vais jouer, je viens de jouer. — *Il passe son temps à lire.*

L'infinitif, employé comme complément indirect principal, est précédé d'une des prépositions *à* ou *de*.

Lorsqu'il sert de complément circonstanciel, il se trouve quelquefois sans préposition, comme dans l'exemple *je vais jouer.*

REMARQUES.

I. Quand on dit : *cela est facile à faire*, l'infinitif *faire* a le sens intransitif absolu, lequel se rapproche du sens passif (page 70) : *cela est facile à être fait. Faire* est donc alors complément de *facile.* Mais il est sujet dans la phrase suivante : *il est facile de faire.*

II. Au lieu de *il passe son temps à lire*, on dit aussi : *il passe son temps en lisant.* Le participe présent précédé d'une préposition est alors employé substantivement (1).

ADVERBE EMPLOYÉ SUBSTANTIVEMENT.

Récompenser magnifiquement, c'est-à-dire, *avec magnificence.*

La plupart des adverbes équivalent à une préposition suivie de son complément. Donc :

L'adverbe est une locution abrégée qui sert ordinairement de complément circonstanciel.

REMARQUES SUR L'ADVERBE.

1. Il y a des compléments circonstanciels dont les parties sont tellement unies par le sens et par l'usage, qu'on les a regardés comme des adverbes ;

---

(1) Il répond dans ce cas au gérondif des latins.

tels sont : *nulle part, à coup sûr, peu-à-peu, à peu-près*, etc., c'est ce qu'on appelle des *locutions adverbiales*.

Plusieurs de ces compléments se trouvent par cette raison employés avec deux prépositions de suite : *dès à présent, de par la loi.*

2. Parmi les adverbes et les locutions adverbiales, il y en a qui étant toujours suivis d'un complément ont été regardés comme des prépositions ; de ce nombre sont : *au travers de, à travers, près de, auprès de, vis-à-vis de, en face de, hors de,* etc.

3. D'un autre côté, quand une préposition n'est suivie d'aucun complément, elle est employée *adverbialement: passez devant, je viendrai après* (1).

4. Les pronoms *en, y* ; les substantifs *bien, mal*, peuvent aussi être employés adverbialement : *j'en viens,* c'est-à-dire, *je viens de là, de ce lieu; j'y vais*, c'est-à-dire, *je vais là, en ce lieu. Il agit bien, mal.*

5. Il y a des adverbes qui représentent des propositions tout entières. *Voici, voilà*, sont comme nous l'avons vu, pour *vois ici, vois là. Oui*, est le participe altéré du verbe *ouïr*, entendre. Quand je réponds *oui*, je veux dire : *cela est ouï*, entendu. C'est dans ce sens que l'on répond quelquefois : *bien entendu*. La préposition n'entre pour rien dans ces adverbes qui sont de véritables *propositions elliptiques.*

6. La préposition n'entre pas davantage dans les adverbes de *quantité. Beaucoup* signifie une grande quantité (du latin *bella copia*); *peu*, une petite quantité; *assez*, une quantité suffisante; *la plupart*, la plus grande part, etc. Ces adverbes se rencontrent souvent comme sujets ou compléments directs.

_____

(1) Il ne serait même pas difficile de prouver que les prépositions sont de vrais adverbes.

De l'adverbe de négation.

I. *Ne* est un mot simple et qu'on ne saurait décomposer. On ne l'a rangé parmi les adverbes que pour ne pas faire de ce seul mot une classe à part (1).

II. Les mots *pas*, *point*, qui accompagnent ordinairement la négation, sont de véritables substantifs pris adverbialement : *le pas* que l'on fait en marchant; *le point*, le plus petit des signes de la ponctuation. On s'en sert pour exprimer une petite quantité. Précédés de *ne*, ils forment des locutions adverbiales, qui signifient l'absence de la plus petite quantité.

Cette explication montre pourquoi *ne... point* nie plus fortement que *ne... pas*. C'est qu'un point est plus petit qu'un pas.

III. On trouve souvent *ne* suivi d'un des mots *plus*, *rien*, *jamais*, *aucun*, lesquels ont par eux-mêmes un sens affirmatif. *Rien* signifie *quelque chose*; *jamais* a le sens *d'un jour, quelque jour. A-t-on jamais rien vu de plus épouvantable?* C'est-à-dire, *a-t-on vu quelque jour quelque chose de plus épouvantable?*

IV. *Ne* est souvent employé seul avec les verbes *oser*, *cesser*, *pouvoir* et *savoir* signifiant *pouvoir*.

Il n'ose, il ne peut, il ne saurait parler; il ne cesse de parler.

2° DES MOTS EMPLOYÉS ADJECTIVEMENT.

Un mot est employé *adjectivement* quand il sert d'attribut ou de complément adjectif.

Les mots susceptibles d'être employés adjectivement sont :

---

(1) D'anciens grammairiens ont appelé l'adverbe *satira*, *salmigondis*. C'est bien le nom qui convient à cet assemblage d'éléments disparates.

1º Le substantif ; 2º le pronom ; 3º l'infinitif ; 4º l'adverbe.

___

SUBSTANTIF EMPLOYÉ ADJECTIVEMENT.

Auguste fut EMPEREUR. . . . . attribut.
Auguste devint EMPEREUR . . . . attributif.
Auguste EMPEREUR OU L'EMPEREUR *Auguste*. . . . qualificatif.

Un substantif peut être attribut, attributif ou qualificatif. Il s'accorde en nombre avec le mot auquel il se rapporte.

Des locutions substantives.

I. Quelquefois le substantif qualificatif est réuni à un autre substantif par un trait-d'union, et forme avec lui une locution substantive.
Un chef-lieu, un chou-fleur, un chien-loup.
Des chefs-lieux, des choux-fleurs, des chiens-loups.

II. L'orthographe des locutions substantives présente souvent des difficultés que l'on résout au moyen de deux règles fort simples.

Il faut décomposer la locution.

1º Si l'un des deux mots (soit substantif, soit adjectif) est qualificatif de l'autre, tous deux en passant au pluriel prennent la marque de ce nombre.

Un *chef-lieu* (un *lieu* qui est *chef*) plur. des *chefs-lieux.*
Un *chou-fleur* (un *chou* qui est *fleur*) plur. des *choux-fleurs.*
Une *fausse-clef* (une *clef* qui est *fausse*) plur. des *fausses-clefs.*

2º Si l'un des deux mots n'est point qualificatif de l'autre, on les écrit suivant que le sens l'exige.

Des *blanc-seings* (des *seings* en *blanc.*) Des *Hôtels-Dieu* (des *Hôtels de Dieu.*)
Un *cure-dents* (ce qui cure les *dents.*) Des *contre-poison* (des remèdes *contre le poison*)

Compléments substantifs pris adjectivement.

I. Souvent un complément, substantif par la forme, est adjectif par le sens :

Un homme d'esprit,		un homme spirituel,
Un magistrat d'Angleterre,	c'est-à-dire,	un magistrat anglais,
La ville de Rome.		la ville (qui est) Rome,
Un homme sans fortune,		un homme pauvre,
Une statue de marbre,		une statue qui a la qualité des de marbre.

5*

II. La plupart de ces compléments servent par suite d'attributs :

Ce magistrat est d'Angleterre ; cet homme est sans fortune ; cette statue est de marbre.

PRONOM EMPLOYÉ ADJECTIVEMENT.

Ce sont eux, ce sont elles, c'est-à-dire, *eux sont* CE, *elles sont* CE.

Les pronoms peuvent être employés comme attributs.

REMARQUE.

Un pronom personnel précédé d'une préposition équivaut quelquefois à un attribut :

Ce livre est à moi, c'est-à-dire, *le mien.*

INFINITIF EMPLOYÉ ADJECTIVEMENT.

Médire est pécher. — Vous paraissez réfléchir. — J'ai entendu ma fille chanter.

I. L'infinif peut servir d'attribut (*pécher*), d'attributif (*réfléchir*), et même de qualificatif (*chanter* pour *chantant*).

REMARQUE.

Vous paraissez réfléchir équivaut à *vous paraissez être réfléchissant*, proposition analogue à celle que nous avons déjà citée *vous paraissez être sage*, dans laquelle *être* ne sert qu'à lier l'attributif au verbe.

Une maison à vendre. — Cet écueil est à éviter.

II. Un infinitif précédé de *à* représente souvent un qualificatif ou un attribut.

REMARQUE.

Les infinitifs *vendre*, *éviter*, sont transitifs de leur nature. Mais ils deviennent ici intransitifs absolus et se rapprochent du sens passif : *une maison qui doit être vendue, un écueil qui doit être évité.*

OBSERVATIONS SUR LES MODES IMPERSONNELS.

I. INFINITIF. L'infinitif a toujours un sujet exprimé ou sous-entendu. Ainsi dans les exemples ci-dessus, *ma fille* est le sujet explicite de *chanter* ; *vous* est le sujet implicite de *réfléchir* : *vous paraissez* (vous) *réfléchir* ; *quelqu'un*, ou tout autre terme indéfini, est le sujet implicite de *médire* et de *pécher* : quelqu'un) *médire* est (quelqu'un) *pécher*.

L'infinitif *être* aura donc un attribut exprimé, *être vertueux*, *être plaint* ; ou renfermé avec lui dans un verbe attributif, *plaindre*, *médire*, etc.

Participe. Le sujet du participe n'est autre chose que son antécédent (1).

Le participe *étant* a aussi son attribut exprimé, *étant vertueux*, *étant plaint* ; ou renfermé avec lui dans un verbe attributif *plaignant*, *médisant*, etc. Souvent c'est le participe *étant* qui est sous-entendu, *plaint*, *estimé*, etc.

II. De l'idée *d'existence* découle l'idée de *temps*. Il suit de là que de quelque manière que soient employés l'infinitif et le participe, ils se distinguent toujours par la propriété inhérente au verbe de marquer le temps, la durée.

Médire est *pécher*.	*La médisance* est *un péché*.
C'est-à-dire , *dans le temps que l'on médit*, on pèche.	*Médisance* et *péché* n'offrent rien à l'esprit qui ait rapport au temps.
C'est un homme chéri de sa famille.	*C'est un homme cher à sa famille*.
Chéri exprime un fait qui suppose un temps pendant lequel il a lieu.	*Cher* exprime une simple qualité.

ADVERBE EMPLOYÉ ADJECTIVEMENT.

Cela est bien. — Ceci paraît mieux.

L'adverbe sert quelquefois d'attribut ou d'attributif.

REMARQUE.

I. Au lieu de : *Aristide vécut sagement*,
On peut dire : *Aristide vécut avec sagesse*,
Ou même : *Aristide vécut sage*.

Ainsi les adverbes en *ment*, et quelques autres, doivent être regardés comme des compléments circonstanciels, ou même comme des espèces d'attributifs.

___

(1) Quelques grammairiens ont pensé, contre l'opinion générale, que le sujet du participe peut aussi être implicite ; ils en donnent pour exemple ces vers de la Henriade :
Endormi sur le trône au sein de la mollesse,
Le poids de sa couronne accablait sa faiblesse,
C'est-à-dire : lui étant endormi, etc.

2. Le rapport qui existe entre l'adverbe et l'adjectif fait que ce dernier est quelquefois employé lui-même adverbialement : *il frappe fort, il parle haut*, pour *il frappe fortement, il parle hautement*.

INTERJECTIONS ET MOTS EN APOSTROPHE.

I. L'interjection n'est autre chose qu'un cri subit, involontaire, qui annonce la joie, la douleur, etc., et qui devance le jugement (1).

Ainsi les interjections et les mots employés en cette qualité ne sont point des parties essentielles de la proposition. Ils se placent ordinairement au commencement de la phrase.

II. Le nom dont on se sert quand on adresse la parole à quelqu'un rentre dans la classe des interjections, et l'on dit qu'il est en *apostrophe* :

La noblesse, DANGEAU, *n'est point une chimère*.

Les mots en apostrophe peuvent avoir aussi leurs compléments :

Divine amitié ! sentiment des grandes âmes !

MA FILLE, TE DER ORJET DE MES DERNIÈRES PEINES,
Songe au moins, songe au sang qui coule dans tes veines.

Emploi de la virgule.

I. Les mots en apostrophe, quand ils sont placés dans le corps de la phrase, s'y trouvent toujours entre deux *virgules* (,).

II. La même chose a lieu pour toute réunion de mots qui n'est pas absolument indispensable au sens de la phrase. Ainsi *songe au moins* est entre deux virgules, parce que le sens peut aisément s'en passer.

---

(1) Les interjections ne sont donc pas des propositions. Voyez la grammaire de Sicard.

DE LA PÉRIODE (1).

I. Pour mieux faire comprendre la nature de la période, nous allons d'abord présenter l'analyse de quelques propositions.

Il vous est nécessaire de travailler.	Le lion parla ainsi après avoir fait les parts.
J'ai entendu ma fille chanter.	Le temps est un brouillon dérangeant toutes choses.

D. Qu'est-ce qui vous est nécessaire ?	R. De travailler, sujet.
J'ai entendu. D. Quoi ?	R. Ma fille chanter, complément direct.
Le lion parla ainsi. D. Quand ?	R. Après avoir fait les parts, complément indirect.
Le temps est un brouillon...	dérangeant toutes choses, qualificatif.

II. Les modes impersonnels de ces propositions peuvent aisément passer à un mode personnel de cette manière :

Il est nécessaire que vous travailliez.	Le lion parla ainsi après qu'il eut fait les parts.
J'ai entendu que ma fille chantait.	Le temps est un brouillon qui dérange toutes choses.

Que vous travailliez, que ma fille chantait, après qu'il eut fait les parts, qui dérange toutes choses, sont des propositions, puisqu'on trouve dans chacune d'elles un verbe à un mode personnel.

III. Ces propositions sont *subordonnées* à d'autres que l'on nomme pour cette raison propositions *principales. Il est nécessaire, j'ai entendu*, etc., sont des propositions principales.

IV. Les *subordonnées* sont toutes précédées d'un conjonctif.

Les *principales* ne sont précédées d'aucun conjonctif.

---

(1) *Période*, de deux mots grecs qui signifient *chemin autour*. Au lieu d'exprimer par un seul mot le sujet ou le complément grammatical, on *va autour* pour rendre l'idée ; au reste, il est bien entendu que ce mot n'a pas ici le sens qu'y attachent les rhéteurs.

Ainsi le *conjonctif* est un mot qui unit les *subordonnées* à leurs *principales*.

V. Une *période* est l'assemblage d'une *principale* avec une ou plusieurs *subordonnées*.

Toute proposition qui ne fait pas partie d'une période se nomme *proposition absolue*.

Des différentes espèces de subordonnées.

Les subordonnées, remplissant dans les périodes les rôles de sujets, de compléments directs, de compléments indirects et de qualificatifs, prennent des noms analogues à leurs fonctions.

Une subordonnée qui sert de sujet se nomme   *subjective.*
——————————————— de *complém. direct, complétive dir.*
——————————————— de *complém. indirect, complétive indir.*
——————————————— de *qualificatif,   qualificative.*

Le mot auquel une subordonnée est soumise, s'appelle *antécédent* (pag. 61): *nécessaire, j'ai entendu, parla, brouillon*, sont les antécédents des subordonnées *que vous travailliez, que ma fille chantait*, etc.

~~~~~~

SUBJECTIVE.

On reconnaît une subjective, comme un sujet, en faisant la question *Qu'est-ce qui ?*

Il est nécessaire que vous travailliez. D. *Qu'est-ce qui est nécessaire ?* R. *Que vous travailliez.*

En outre, la principale est précédée de *il* ou de *ce*.

Conjonctifs des Subjectives.

I. Le principal conjonctif est *que*.

II. Les autres sont : *si, quel, lequel, qui, quoi, où, quand, combien, comme, comment*.

III. Les adjectifs et les pronoms conjonctifs comme *quel, lequel, qui, que, où*, sont souvent précédés d'une préposition : *à quel, duquel, par qui, pourquoi*, etc.

IV. Les pronoms conjonctifs *qui, lequel*, peuvent être sujets ou compléments de la subordonnée :

Il a été décidé qui *sera puni de vous deux.* *Qui* est sujet.

Il a été décidé qui *l'on punira de vous deux.* *Qui* est complément direct.

Dans le premier cas, *qui* peut se tourner par *quel est celui qui : il a été décidé* QUEL EST CELUI QUI *sera puni;* dans le second par *quel est celui que : Il a été décidé* QUEL EST CELUI QUE *l'on punira.*

REMARQUE sur *qui* et *lequel.*

Dans les subjectives, *qui* ne se dit que des personnes.

On se sert de *lequel* en parlant des choses :

Il y a deux chemins pour se rendre à Paris : il n'a pas été décidé lequel nous prendrons.

Emploi des Modes.

Il sera délibéré si l'on partira, quand on partira.

I. Le verbe des subjectives se met à l'indicatif après tous les conjonctifs, excepté *que.*

Il est douteux qu'il réussisse. — Il est à souhaiter qu'il réussisse.

II. Après que le verbe se met ordinairement au subjonctif surtout quand la proposition qui renferme l'antécédent marque *le doute, le désir, le commandement, la crainte, l'empêchement.*

Dans ce cas le verbe est *nécessairement* au subjonctif.

Il est certain qu'il lit, il est à croire qu'il lit.

III. On met l'indicatif après les mots qui ont le sens de *croire, savoir, dire, espérer, être certain, être vraisemblable.*

REMARQUE.

Cependant, si la proposition qui renferme l'antécédent est accompagnée d'une *négation*, ou d'une *interrogation*, ou du conjonctif *si*, le verbe suivant se met *accidentellement* au subjonctif.

Il n'est pas certain qu'il lise ; est-il certain qu'il lise? Je ne sais pas s'il est certain qu'il lise.

Exception. Après *ne pas savoir que*, on met l'indicatif : *vous ne savez pas qu'il lit.*

Manière de reconnaître si un mot gouverne nécessairement le subjonctif.

Pour reconnaître si un mot gouverne *nécessairement* le subjonctif, il faut retrancher la négation, l'interrogation ou le conjonctif *si*, et voir ensuite si le subjonctif peut être conservé. En faisant subir cette opération aux propositions ci-dessus, on trouvera : *Il est certain qu'il lit.*

Emploi de *ne* après *que.*

I. *Que* doit être suivi de *ne* après les verbes *craindre, trembler, appréhender, empêcher,* et les mots qui ont le même sens, quand ils ne sont pas eux-mêmes accompagnés d'une négation ou d'une interrogation.

Dites avec *ne.*

Il est à craindre qu'il ne vienne.

Dites sans *ne.*

Il n'est pas à craindre
Est-il à craindre } qu'il vienne.

II. Au contraire, *que* doit être suivi de *ne* après *nier, disconvenir, désespérer, douter* et leurs dérivés, quand ces mots sont accompagnés d'une négation ou d'une interrogation.

Dites avec *ne.*

Il n'est pas douteux
Est-il douteux } qu'il ne réussisse.

Dites sans *ne*

Il est douteux qu'il réussisse.

Remarque sur *il, ce, cela.*

Les pronoms *il, ce, cela,* représentent souvent une proposition qui, exprimée, servirait de sujet au verbe :

Dieu aime les hommes. — *Il est vrai, c'est vrai, cela est vrai*, c'est-à-dire, *cela* (que Dieu aime les hommes) *est vrai.*

COMPLÉTIVE DIRECTE.

Les complétives directes répondent à la question *quoi ?* faite après un verbe.

Je crois que vous lisez. — *Je crois...* D. Quoi ? R. *que vous lisez.*

Toutes les règles que nous avons données à l'occasion de la subjective sont applicables à la complétive directe.

REMARQUE sur *le, cela.*

Les pronoms *le, cela*, représentent quelquefois une proposition qui, exprimée, serait une complétive directe.

Votre sœur est pieuse. — *Je le sais, je sais cela*, c'est-à-dire, *je sais cela* (que ma sœur est pieuse).

COMPLÉTIVE INDIRECTE.

Les complétives indirectes se subdivisent comme les compléments de la proposition en *principales* et en *circonstancielles.*

Nous réserverons le nom d'*indirectes* pour les *principales*, et nous appellerons les autres complétives *circonstancielles.*

COMPLÉTIVE INDIRECTE (principale.)

Les complétives indirectes (principales) répondent aux questions *à quoi ? de quoi ?* faites après un substantif, un adjectif ou un verbe.

Je m'attends bien qu'il se plaindra. | *Je m'attends...* D. à quoi ? R. *qu'il se plaindra.*

J'ai la certitude que vous réussirez. | *J'ai la certitude...* D. de quoi ? R. *que vous réussirez.*

Je suis content que vous ayez réussi. | *Je suis content...* D. de quoi ? R. *que vous ayez réussi.*

Les règles des complétives indirectes sont encore les mêmes que celles des subjectives.

COMPLÉTIVE CIRCONSTANCIELLE.

Les complétives circonstancielles répondent le plus souvent aux questions, *quand? comment? dans quel cas? pourquoi? sur quoi? malgré quoi?*

Le lion parla ainsi après qu'il eut fait les parts.

Le lion parla ainsi, D. quand? R. *après qu'il eut fait les parts.*

Je ferai cela puisque vous le voulez.

Je ferai cela D. Pourquoi? R. *puisque vous le voulez.*

EMPLOI DES MODES.

Je parle afin que vous m'écoutiez.

Le verbe des complétives indirectes se met ordinairement à l'indicatif.

Mais il se met au subjonctif après : *afin que, de peur que, à moins que, avant que, jusqu'à ce que, pourvu que, sans que, soit que, en cas que, loin que, supposé que, quoique, quoi que* (écrit en deux mots), *quelque... qui, que*, etc. *quel que*, et un petit nombre d'autres locutions qui ont le même sens.

Ces locutions s'appellent *locutions conjonctives.*

Remarques sur *quelque... que, quel que, quoi que.*

1. *Quelque*, suivi de *qui, que, dont*, etc., est variable et fait *quelques* au pluriel, quand il est accompagné d'un substantif : *Quelques grandes richesses que vous ayez.*

Quelque est adverbe et invariable quand il n'est pas suivi d'un substantif : *Quelque grands que soient les rois.*

2. On écrit *quel que* en deux mots, quand

le *que* est suivi d'un verbe : *quel que soit votre mérite ; quelle que soit votre fortune.*

3. *Quoi que* signifie *quelque chose que* : *quoi que vous en disiez*, c'est-à-dire, quelque chose que vous en disiez.

DE QUELQUES AUTRES COMPLÉTIVES CIRCONSTAN-CIELLES.

Au nombre des complétives circonstancielles, nous mettons les subordonnées,

1º D'un substantif ou d'un adverbe de temps : *un jour*, *à peine*, etc.

2º D'un adjectif ou d'un adverbe de quantité : *tel*, *si*, *tant*, etc.

3º D'un adjectif ou d'un adverbe de compa-raison : *tel*, *autre*, *plus*, *autant*, *aussi*.

Un jour QUE J'ÉTAIS AVEC VOUS. *Dieu est si bon* QU'IL NOUS AIME. *Les enfants sont autres* QUE N'EST LE PÈRE. *Il est plus savant* QUE VOUS NE PENSEZ.

REMARQUES *sur* tel, *adjectif de quantité et de comparaison.*

I. Quand *tel* est adjectif de quantité, il ne peut pas se tourner par *aussi*, suivi d'un adjectif :

Sa force était telle que tout le monde en fut surpris, c'est-à-dire, *était si grande que*, etc.

II. Quand *tel* est adjectif de comparaison, il peut se tourner par *aussi*, suivi d'un adjectif :

Le fils sera tel que le père est aujourd'hui, c'est-à-dire *sera aussi bon, aussi vertueux*, etc., *que le père est aujourd'hui.*

COMPLÉTIVES CIRCONSTANCIELLES ELLIPTIQUES.

Souvent la complétive d'un adjectif ou d'un adverbe de comparaison est elliptique.

Le fils sera tel que le père, pour *que le père* EST.
Les enfants sont autres que le père, — *que le père* N'EST.
Il est plus savant que Pierre, — *que Pierre* N'EST SAVANT.

REMARQUE. Il ne faut jamais dans ce cas sup-

primer la préposition : *Il est aussi recomman-*
dable PAR *ses vertus que* PAR *ses talents.*

EMPLOI de *ne* après *que.*

I. *Que* doit être suivi de *ne* :

Après *il y a*, suivi d'un nom de temps, et *depuis*,
devant un parfait; après *autre, autrement.*

Il y a long-temps que je ne vous ai vu ; depuis
que je ne vous ai vu. — Les enfants sont autres
que n'est le père; il parle autrement qu'il ne
pense.

EXCEPTIONS. Mais on ne met pas *ne* quand ces
mots sont accompagnés d'une négation.

Il n'y a pas long-temps que je vous ai vu, de-
puis que je vous ai vu.

Les enfants ne sont pas autres qu'était le père.

Il ne parle pas autrement qu'il pense.

II. *Que* est suivi de *ne* après les comparatifs
d'inégalité.

Il est plus savant, moins savant que vous ne
pensez.

EXCEPTIONS. On ne met pas *ne* quand la principale est négative, parce que dans ce cas l'inégalité disparaît : *vous n'écrivez pas mieux que vous*
parlez, c'est-à-dire, *vous écrivez aussi mal que*
vous parlez.

2. Souvent l'interrogation produit le même effet quand on
veut affirmer une chose.

Puis-je mieux servir un maître que je vous ai servi ? c'est-à-dire
je vous ai servi aussi bien qu'on peut servir un maître.

Mais quand on a l'intention de nier, on met *ne* : *Ne peut-on*
pas mieux servir un maître que vous ne m'avez servi. C'est-à-dire,
vous ne m'avez pas servi aussi bien qu'on peut servir un maître.

Inversion remarquable.

On dit: *L'univers s'écroulerait que le sage n'en*
serait point ému, pour *le sage ne serait point*
ému quand l'univers s'écroulerait.

QUALIFICATIVE.

Il a parlé avec une éloquence QUI nous a sur-
pris.

I. Toute qualificative est jointe immédiatement à son antécédent par un des conjonctifs *lequel*, *qui*, *que* employé pour *lequel; dont* pour *duquel*, *desquels; à quoi*, *ou*.

II. Cet antécédent est ordinairement précédé d'un déterminatif.

RÈGLES *sur quelques conjonctifs des qualificatives.*

QUI.

I. *Qui*, employé sans préposition, est toujours sujet. Il se dit des personnes et des choses.

Dieu, QUI *règne dans le ciel, est plein de miséricorde.*

Le livre QUI *vous a été donné me paraît excellent.*

II. *Qui* est toujours supposé du même genre, du même nombre et de la même personne que son antécédent :

Moi qui ai, toi qui as, lui qui a, nous qui avons, vous qui avez, eux qui ont.

Vous parlez en homme qui entend son métier, c'est-à-dire, *lequel homme entend*, etc.

Je suis le premier qui a introduit cet usage, c'est-à-dire, *je suis le premier homme lequel homme a introduit*, etc.

Je suis ce Diomède qui a blessé Vénus, c'est-à-dire, *je suis ce Diomède lequel Diomède a blessé Vénus.*

REMARQUE. Mais quand le nom propre est employé sans déterminatif, *qui* prend le genre, le nombre et la personne du sujet :

Je suis Diomède qui ai blessé Vénus.

III. *Qui*, précédé d'une préposition, ne se dit que des personnes. Quand on parle d'une chose, on se sert de *lequel*.

L'homme à qui j'ai confié mon secret.

La douleur à laquelle vous vous abandonnez, et non *à qui.*

QUE.

Que est toujours complément direct. Il est du même genre et du même nombre que son antécédent :

L'étude que (pour *laquelle étude*) *j'aime ;* les *livres que* (pour *lesquels livres*) *j'ai achetés.*

DONT.

Dont est complément indirect, il est du même genre et du même nombre que son antécédent.

Les livres dont (pour *desquels livres*) *je me sers.*

Dieu dont (pour *duquel Dieu*) *nous admirons la providence.*

La récompense dont (pour *de laquelle récompense*) *vous êtes digne.*

1ʳᵉ REMARQUE.

Dont est le complément du mot de la qualificative après lequel on peut répéter l'antécédent.

Dans le premier exemple, *dont* est le complément de *je me sers,* parce qu'on peut dire : *je me sers des livres.*

Dans le second, il est le complément de *la providence : nous admirons la providence de Dieu.*

Dans le troisième, il est le complément de *digne: vous êtes digne de la récompense.*

2ᵉ REMARQUE.

Dont n'a jamais pour antécédent un complément indirect. Il est remplacé dans ce cas par *duquel, de laquelle, desquels,* que l'on met après le complément indirect.

L'homme sur l'amitié duquel je comptais.

OU.

Où se dit principalement du *lieu* et du *temps;* jamais des personnes. Ce serait donc une faute de dire : *la morale est immuable comme Dieu d'où elle émane;* il faut *dont elle émane.*

QUICONQUE.

I. *Quiconque* est un mot d'une nature particulière : il renferme le conjonctif et son antécédent, et signifie *toute personne qui* :

Quiconque n'a rien vu n'a rien à dire aussi.

C'est-à-dire, *toute personne qui n'a rien vu*, etc.

REMARQUE.

Qui est souvent employé d'une manière analogue ; il équivaut alors à *celui qui*, *celui que* :

Qui sert bien son pays n'a pas besoin d'aïeux; c'est-à-dire, *celui qui sert bien son pays*, etc.

Envoyez qui vous voudrez, c'est-à-dire, *celui que vous voudrez.*

Sur ce, *employé comme antécédent.*

I. *Ce* est souvent l'antécédent d'une qualificative :

La mauvaise santé de mon père est ce qui me chagrine.

Ou avec inversion et pléonasme de *ce* :

Ce qui me chagrine est ou *c'est la mauvaise santé de mon père.*

II. Cette inversion et ce pléonasme sont nécessaires quand le sujet n'est pas un substantif singulier :

Ce qui me chagrine, c'est QUE MON PÈRE EST MALADE, *c'est d'*ÊTRE MALADE.

Sur de ce que, à ce que, etc.

I. Quand *de ce que, à ce que,* etc., peuvent se tourner par *de la chose que, à la chose que,* etc., *ce* est antécédent d'une qualificative.

Je suis affligé de ce que vous me dites, c'est-à-dire, *de la chose que vous me dites.*

II. Mais quand *de ce que, à ce que,* etc., ne peuvent pas se tourner par *de la chose que,* etc. ce sont des locutions conjonctives d'une complétive indirecte ou circonstancielle.

Je me réjouis de ce que vous êtes en bonne santé.

On ne pourrait pas dire *de la chose que vous êtes en bonne santé.*

Remarque. Ne confondez pas *par ce que* (en trois mots) signifiant *par la chose que*, avec *par ce que* (en deux mots) signifiant *attendu que.*

Emploi des modes.

I. Dans les propositions qualificatives, le verbe se met à l'indicatif.

II. Cependant on met ordinairement le subjonctif,

1° Quand le conjonctif est précédé de *le seul*, de *il n'y a que*, de *pas*, ou d'un superlatif relatif.

Il est le seul, il n'y a que lui qui ait osé parler ainsi.

Il y en a peu qui aient osé l'imiter.

C'est l'homme le plus savant que je connaisse.

2° Quand l'antécédent est un mot sans article appartenant à une proposition négative :

Je ne connais personne qui soit plus savant.

Je ne trouve pas de place qui lui convienne.

Je n'ai pas vu d'enfants qui fussent aussi sages.

3° Quand la qualificative exprime une condition, un souhait, une intention, et en général quelque chose dont l'existence est douteuse et plutôt possible que certaine.

DITES AVEC LE SUBJONCTIF.	DITES AVEC L'INDICATIF.
Je cherche un homme qui soit sage.	*Je cherche un homme qui est sage.*
Avec la condition d'être sage.	Cet homme existe, je le connais.
Il m'a donné des conseils qui me soient utiles.	*Il m'a donné des conseils qui me sont utiles.*
Dans l'intention qu'ils me soient utiles.	Cette utilité est une chose certaine, existante.
Je cherche une retraite où je vive paisiblement.	*Je cherche une retraite où je vivrai paisiblement.*
Je souhaite d'y vivre paisiblement.	*Je suis certain d'y vivre paisiblement.*

Dépendance des subordonnées.

Nous avons vu que dans une proposition on trouve fréquemment un complément modifié par un autre complément.

De même, dans une période, une subordonnée est souvent principale elle-même relativement à une autre subordonnée :

L'enfant, auquel je sais que vous vous inté-ressez, vient d'être comblé d'éloges.

La proposition principale est : *l'enfant vient d'être comblé d'éloges.*

L'enfant a pour période qualificative, *auquel je sais que vous vous intéressez:* principale, *je sais* ; complétive directe, *que vous vous intéressez au-quel* (enfant.)

Infinitif substitué à un mode personnel.

I. De même qu'un mode personnel est substitué à un infinitif, de même un infinitif est souvent substitué à un mode personnel. Quand on fait ce changement, il faut que le sujet implicite de l'in-finitif soit le même que le sujet de la principale :

Le lion parla ainsi après avoir fait les parts.

Le lion sujet de *parla* est aussi le sujet impli-cite de *avoir fait.*

Il ne faut pourtant pas croire que ces substitutions soient tou-jours possibles. Quoiqu'on puisse dire également *je crois lire* et *je crois que je lis*, on ne dirait pas *je veux que je lise* ; il faut nécessairement *je veux lire*. Quelquefois même le changement influe sur le sens : *Il sait être heureux* veut dire qu'il connait l'art d'être heureux ; *il sait qu'il est heureux* signifie qu'il est heureux et qu'il ne l'ignore pas.

II. On trouve même l'infinitif après un con-jonctif.

ON DIT :	AU LIEU DE :
Je ne sais que ou quoi faire.	*Je ne sais quelle chose je ferai, ou je dois faire.*
Je ne sais à quoi me résoudre.	*Je ne sais à quoi je me résoudrai, ou je dois me résoudre.*
Il n'a trouvé personne à qui parler.	*Il n'a trouvé personne à qui il parlât, ou pût parler.*

L'infinitif forme alors une espèce de proposition impersonnelle (*Voy*. pag. 82).

Emploi de la virgule dans la période.

Quand une subordonnée n'est pas indispensable au sens , elle se met entre deux virgules (p. 84) :

Dieu, qui règne dans le ciel, est plein de miséricorde.

On peut dire sans que le sens principal en souffre : *Dieu est plein de miséricorde.*

DES FORMES DE LA PROPOSITION ET DE LA PÉRIODE (1).

1. Les propositions et les périodes empruntent des formes particulières pour exprimer : 1º l'interrogation ; 2º le commandement ; 3º un sentiment vif et profond qui se révèle par une espèce de cri.

Considérées sous ce rapport, les propositions et les périodes sont : 1º *interrogatives* ; 2º *impératives* ; 3º *exclamatives.*

Toute phrase qui n'est ni interrogative ni impérative ni exclamative, s'appelle *expositive.* C'est celle dont nous avons traité jusqu'à présent.

II. Dans une période, la proposition principale est la seule qui puisse être interrogative, impérative ou exclamative. C'est donc de la proposition seule qu'en définitive nous avons à nous occuper.

---

(1) Lorsque je dis : *je demande s'il lit*, je fais une interrogation sans que la forme soit interrogative.

FORME INTERROGATIVE.

I. Une phrase interrogative se termine par un point d'interrogation (?).

Lisent-ils? ont-ils lu? ces enfants lisent-ils ?

II. Les pronoms sujets *je, tu, il, ils, elle, elles*, *nous, vous, on*, se placent après le verbe avec un trait-d'union; et quand le temps est composé, après l'auxiliaire *avoir* ou *être*.

Quand le sujet n'est pas un pronom, on en met un par pléonasme, après le verbe.

REMARQUE.

La plupart des verbes qui n'ont qu'une syllabe à la première personne du présent, ne peuvent pas être employés interrogativement à cette personne. Ainsi l'on ne dira pas : *sors-je? sers-je? cours-je? ments-je? perds-je?* etc.

Exceptez : *fais-je ? sais-je ? dis-je? dois-je? vois-je ? ai-je ? suis-je? vais-je ?* et quelques-au tres.

Aimé-je ? chanté-je ?

III. Les verbes terminés par un *e* muet à la première personne, le changent en *é* aigu.

Remarque. Puissé-je, dussé-je, n'ont rien d'interrogatif : *puissé-je* signifie *je souhaite que je puisse* ; *dussé-je, quand je devrois.*

Chante-t-il? chanta-t-il? va-t-il ?

IV. Les verbes terminés par une voyelle à la troisième personne prennent un *t* devant *il, elle, on*. Ce *t* qui se met entre deux traits-d'union, s'appelle *t euphonique.*

REMARQUE. Les temps de l'indicatif (moins l'aoriste antérieur), et ceux du conditionnel sont les seuls qui s'emploient interrogativement avec l'inversion du sujet.

Phrase interrogative dépendant d'une principale sous-entendue.

Qui m'appelle? c'est-à-dire, JE DEMANDE *qui m'appelle.*

Qui appelez-vous ? c'est-à-dire, JE DEMANDE *qui vous appelez.*

V. La proposition interrogative qui commence par un conjonctif dépend du verbe *je demande*, sous-entendu. Mais elle n'en doit pas moins être regardée comme principale, parce que si *je demande* était exprimé, la forme interrogative s'évanouirait.

REMARQUE. *Pas* et *point* sont fréquemment sous-entendus : *Qui ne croirait cela ?* pour *qui ne croirait pas cela ?*

Quoi de plus beau? Que connaissez-vous de plus beau ?

VI. *Quoi* signifiant *quelle chose* est souvent le sujet du verbe *être* sous-entendu. Il est joint à l'attribut par la préposition *de*.

On met *que* au lieu de *quoi*, lorsque le pronom conjonctif est le complément direct du verbe suivant.

Réponses elliptiques.

VII. *Qui aimez-vous ?* R. *Paul.* C'est-à-dire, *j'aime Paul.*

D. *Que voulez-vous ?* R. *Rien.* C'est-à-dire, *je ne veux rien.*

FORME IMPÉRATIVE.

Mène-moi, flatte-toi ; placez-le; donnez-lui, donnez-le-lui.

I. Les pronoms qui servent de compléments directs ou de compléments indirects se placent après le verbe avec un trait-d'union. Le complément direct doit toujours être le plus rapproché du verbe.

Mènes-y-moi ; donnes-en ; vas-y.

II. Les verbes terminés par une voyelle à la

seconde personne de l'impératif prennent une *s* *euphonique* devant *y* et *en*.

REMARQUE. *Y* se place avant le pronom personnel ; *en* se met après : *mènes-y-moi ; donne-m'en ; va-t'en*.

Ne m'y mène pas ; ne m'en donne pas.

III. Quand la phrase impérative renferme une négation, les pronoms reprennent le rang qu'ils doivent occuper dans la forme expositive.

Proposition impérative dépendant d'une principale sous-entendue.

Qu'il s'en aille, c'est-à-dire, *j'ordonne qu'il s'en aille*.

IV. La proposition impérative qui commence par un conjonctif dépend du verbe *j'ordonne*, lequel est sous-entendu.

Néanmoins cette proposition doit être regardée comme principale.

FORME EXCLAMATIVE.

I. La phrase exclamative se termine par un *point d'exclamation* (!).

Que je suis heureux ! c'est-à-dire, *je sens que je suis heureux*,

Combien d'ennemis il a vaincus ! c'est-à-dire, *j'admire combien d'ennemis*, etc.

La proposition exclamative dépend d'une principale sous-entendue.

REMARQUE. On dit aussi avec une négation : *combien d'ennemis n'a-t-il pas vaincus !* Le sens est à peu-près le même. Toutefois la seconde proposition se rapproche par la signification comme par la forme de la phrase interrogative : *je demande combien d'ennemis il n'a pas vaincus*.

Fasse le ciel ! vive le roi !

II. *Que* est quelquefois sous-entendu. Alors le sujet se place après le verbe.

REMARQUE. *Puissé-je, plaise au ciel*, se rapportent à cette règle. La première locution est pour *je souhaite que je puisse;* la seconde pour *je souhaite qu'il plaise au ciel.*

Moi vous trahir! lui vous abandonner!

III. Le verbe de la proposition exclamative est quelquefois à l'infinitif. Alors cet infinitif a pour sujet explicite un substantif ou bien un des pronoms *moi, toi, lui, nous, vous, eux* (1).

DE LA PHRASE COMPOSÉE.

Une proposition absolue ou une période ne suffisent pas toujours pour former un sens complet.

Ainsi une phrase peut être composée:

1º De deux ou de plusieurs propositions absolues;

2º De deux ou de plusieurs périodes;

3º D'une ou de plusieurs propositions absolues avec une ou plusieurs périodes.

Des Conjonctions.

I. Les mots qui servent à unir les propositions et les périodes de la phrase composée, sont les *conjonctions.*

Nous avons vu que les principales conjonctions sont *et, ou, ni, mais, car, or, donc.*

II. On met encore au nombre des conjonctions

---

(1) Les pronoms *moi, toi, lui,* etc., sont fréquemment employés comme compléments directs. Ainsi le sujet explicite de l'infinitif a en français la forme du complément direct, quand le mot en a une particulière pour ce cas. C'est ce qu'on peut encore observer dans la phrase suivante: *voici une chose que je ne crois pas être connue. Je ne crois pas... D. quoi? R. que* (pour *laquelle chose*) *être connue.* On trouve encore ici *que* pronom conjonctif affecté au complément direct, servant de sujet à l'infinitif *être connue.*

certaines locutions qui équivalent à des adverbes, à des compléments circonstanciels, et quelquefois à des propositions tout entières. On les
appelle *conjonctions composées.* De ce nombre
sont, *cependant, en effet, c'est pourquoi, c'est-
à-dire, soit*, etc.

III. Les conjonctions ne sont pas toujours in-
dispensables pour unir les parties d'une phrase
composée.

On fit une trève ; elle ne dura pas long-temps,
pour *mais* elle ne dura pas long-temps.

DES PARTIES ELLIPTIQUES ET DES PARTIES COM-POSÉES.

I. Au lieu de : *j'aime mon père et j'aime ma
mère.* On dit : *j'aime mon père et.... ma mère.*

Et ma mère est donc une proposition *elliptique,*
ou, pour me servir d'un terme plus général, une
partie elliptique de la phrase composée.

II. Or dans *j'aime mon père et ma mère, j'aime*
a pour compléments directs *mon père* et *ma mère.*
On les a toutefois considérés comme formant un
complément unique auquel on a donné le nom
de complément *composé.*

III. Une phrase peut avoir d'autres *parties composées,* comme le *sujet, le verbe, l'attribut*, etc.,
et même *la principale* et les *subordonnées* d'une
période.

IV. En général, pour reconnaître qu'une phrase
est composée, il suffit d'y distinguer une proposition absolue ou une période, ou seulement une
conjonction.

DES PROPOSITIONS ET DES PÉRIODES COMPOSÉES.

I. Une phrase composée, qui devient une proposition simple lorsqu'on en retranche les parties
elliptiques, s'appelle *proposition composée.*

II. Une phrase composée qui devient une période simple, lorsqu'on en retranche les parties elliptiques, s'appelle *période composée.*

III. Les propositions et les périodes composées peuvent encore être réunies entr'elles ou avec des propositions et des périodes simples et former ainsi d'autres phrases composées.

DES MOTS QUI NE SOUFFRENT PAS D'ELLIPSE.

Il y a des mots qui doivent être répétés dans chaque proposition elliptique.

ARTICLE ET ADJECTIFS DÉTERMINATIFS.

Le cœur, l'esprit, les mœurs, tout gagne à la culture.

Mon père et ma mère; mon frère et mes sœurs.

On répète l'article et les adjectifs déterminatifs avant tous les substantifs qui expriment des objets différents.

REMARQUE. Dites : *le régime ou complément d'un mot,* parce que RÉGIME et COMPLÉMENT n'expriment qu'une seule chose.

J'ai lu le premier et le second volume.

Il connaît la langue grecque, la latine, l'espagnole.

II. On répète l'article et les déterminatifs devant les adjectifs qui qualifient des objets différents, quoique, dans la phrase, ils se rapportent à un seul substantif exprimé.

REMARQUE. Il ne faut donc pas dire : *les langues grecque et latine.* On doit pourtant convenir que cette façon de parler a plus de vivacité, et peut-être est-elle aujourd'hui suffisamment justifiée par l'usage.

J'ai reçu le beau et précieux volume.

Il connaît la langue douce et harmonieuse des Grecs.

III. Mais si l'on ne parle que d'un seul objet, on ne répète pas l'article.

Il a bu, il boit, il boira. — Je ne parlais pas et j'écoutais.

I. On répète les pronoms sujets 1° devant les verbes qui sont à des temps différents; 2° quand on passe d'une proposition négative à une proposition affirmative.

REMARQUE. Quand on passe d'une proposition affirmative à une proposition négative, on n'est tenu de répéter le pronom que dans le cas où la conjonction est supprimée : *je parlais, je n'écoutais pas.*

Je le plains et le révère. — Je veux vous louer et vous récompenser.

II. Le pronom complément direct se répète devant chaque verbe.

Observation générale sur l'emploi des pronoms.

Les pronoms *il, elle, le, la, les, le mien, le tien*, etc., ne peuvent pas représenter un substantif commun employé sans déterminatif.

Ainsi l'on ne pourrait pas dire : *on fit trêve : elle ne dura pas long-temps.* Il faut : *on fit une trêve ; elle ne dura pas long-temps.*

J'ai été à Paris et à Rome. Il est digne de l'estime et de l'approbation universelle. Vous l'emportez en vertu et en courage.

I. On répète les prépositions *à, de, en,* devant chaque complément.

Il est heureux dans la paix et dans la guerre.

II. On est également tenu de répéter les autres prépositions devant les mots qui ont une signification toute différente.

5*

Il a arraché cette concession par l'emporte-ment et la violence.

III. Quand les mots ont à-peu-près le même sens, il est permis de ne mettre la préposition qu'une fois.

COMPLÉMENTS DE DIFFÉRENTE ESPÈCE.

Il assiégea la ville et s'en empara.

Lorsque deux mots, soit noms, soit adjectifs, soit verbes, ne veulent pas des compléments de même espèce, il faut donner à chacun celui qui lui convient :

NE DITES PAS :	DITES :
Il assiégea et s'empara de la ville.	*Il assiégea la ville et s'en empara.* Ou en changeant de verbe : *Il assiégea et prit la ville.*
Cet homme est utile et chéri de sa famille.	*Cet homme est utile à sa famille et en est chéri ;* ou en changeant d'adjectif : *Cet homme est utile et cher à sa famille.*
Il s'est acquis l'estime générale et rendu célèbre.	*Il s'est acquis l'estime générale et s'est rendu célèbre.*

ACCORD DU QUALIFICATIF.

ET.

Le roi et le berger égaux après la mort auront tous les deux un même juge.

Le qualificatif de deux ou de plusieurs subs-tantifs liés par *et* se met au pluriel. Cette règle a également lieu lorsque la conjonction *et* est sous-entendue.

REMARQUES.

1 Cette règle se rapporte aussi aux attributs et aux attributifs.

2 Mais elle ne regarde pas l'article ni les au-

tresdéterminatifs. Ainsi l'on ne dira pas : *les père et mère de cet enfant, ses frères et sœurs, mes premier et second volume.* Il faut : *le père et la mère, ses frères et ses sœurs ; mon premier et mon second volume,* en répétant les déterminatifs d'après la règle que nous avons vue, p. 104.

ACCORD DU QUALIFICATIF AVEC DES SUBSTANTIFS DE DIFFÉRENTS GENRES.

Je connais un prince et une princesse adorés de leurs sujets.

Si les substantifs sont de différents genres, l'adjectif se met au genre le plus *noble*, c'est-à-dire, au masculin.

Exception.

Cependant le qualificatif qui suit immédiatement des substantifs de choses peut s'accorder seulement avec le dernier, sur-tout si ce dernier est féminin : *Il a montré un courage et une prudence étonnante. Il va les pieds et la tête nue.*

ACCORD DU VERBE.

Le roi et le berger sont égaux après la mort.

Tout verbe dont le sujet est composé de deux ou de plusieurs substantifs, doit se mettre au pluriel.

ACCORD DU VERBE AVEC UN SUJET COMPOSÉ DE DIFFÉRENTES PERSONNES.

Mon frère et moi nous lisons ; toi et lui vous jouez ; eux et votre frère s'amusent.

Si les mots que renferme le sujet composé sont de différentes personnes le verbe se met à *la plus noble.* La première est plus noble que la seconde, et la seconde est plus noble que la troisième.

REMARQUES.

1. A la première et à la seconde personne, le

verbe est ordinairement précédé par pléonasme de *nous*, *vous*.

II. Dans les sujets et les compléments composés, les pronoms *je*, *tu*, *il*, *ils*, *me*, *te*, *le*, *la*, *les*, sont remplacés par *moi*, *toi*, *lui*, *elle*, *eux*; et au lieu de *lui*, *leur*, employés comme compléments indirects, on met *à lui*, *à elle*, *à eux*, *à elles*.

J'ai connu toi et ton frère; je hais lui et les siens; j'ai donné des conseils à lui et à son ami.

On répète quelquefois les pronoms de cette manière:

Je te connais toi et ton frère; je le hais lui et les siens; je lui ai donné des conseils à lui et à son ami.

III. La première personne doit par honnêteté se nommer après les autres.

EXCEPTIONS À LA RÈGLE D'ACCORD.

1o Le verbe s'accorde seulement avec le dernier substantif, quand c'est sur ce mot qu'on veut attirer toute l'attention.

Ses menaces, ses cris, un ordre m'a troublée.

2o Quand les substantifs sont suivis de *tout*, *rien*, *personne*, *ce*, *tel*, le verbe se met au singulier.

Dignités, gloire, richesses, tout lui a manqué à la fois.

REMARQUE. On doit toujours mettre *ce*, *cela*, *tel*, ou tout autre mot analogue, après plusieurs infinitifs:

Manger, boire, dormir, c'est tout ce qu'il sait faire; telle est son unique occupation.

OU, NI.

L'avarice ou l'ambition {est / sont} la cause de presque tous les crimes.

Ni l'avarice ni l'ambition {n'est / ne sont} la cause de ses malheurs.

Quand les substantifs sont unis par *ou*, *ni*, le verbe se met au singulier ou au pluriel, mais mieux au singulier.

REMARQUES.

I. Il faut toujours mettre le singulier après *ou* et *ni* quand l'attribut ne peut se dire que d'un seul.

Pierre ou Paul sera l'époux de ma sœur. } Un seul peut être l'époux de ma sœur.
Ni Pierre ni Paul ne sera l'époux de ma sœur.

II. Au contraire, il faut toujours le pluriel quand les mots du sujet composé ne sont pas tous à la troisième personne :

Vous ou Paul serez l'époux de ma sœur.
Ni vous ni Paul ne serez l'époux de ma sœur.

III. Ne dites pas : *lequel fut le plus vaillant de César ou d'Alexandre ?*

Dites : *lequel fut le plus vaillant, César ou Alexandre ?* parce que cette phrase équivaut à celle-ci :

Lequel fut le plus vaillant, César (fut-il le plus vaillant) ou Alexandre (fut-il le plus vaillant) ?

QUE mis pour *si*, *quand*, *lorsque*, etc.

Vous me ferez plaisir si vous lisez ce livre, et que vous m'en disiez votre avis.

Quand deux complétives circonstancielles unies par *et*, *ou*, doivent avoir un des conjonctifs *si*, *quand*, *lorsque*, *puisque*, ou tout autre composé de *que*, on remplace ce conjonctif dans la seconde subordonnée par *que*, et le verbe suivant se met au subjonctif.

REMARQUE sur *soit que.*

Au lieu de répéter *soit que*, on se contente quelquefois de répéter *que.*

Qu'il soit riche, qu'il soit pauvre., le sage est toujours heureux.

On dit encore : *Qu'il soit riché ou pauvre, le sage*, etc.

Ou enfin : *riche ou pauvre, le sage*, etc. Mais alors cette phrase n'est plus qu'une proposition composée.

DE LA PONCTUATION DES PHRASES COMPOSÉES.

I. Le *point-et-virgule* (;) se place entre deux parties dont l'une dépend de l'autre ; il marque un repos plus long que la virgule.

La douceur est une vertu ; mais il faut qu'elle ne dégénère point en faiblesse.

II. Les *deux points* (:) se mettent après un membre de phrase qui annonce une citation ou des détails :

Xercès dit aux Spartiates: Rendez vos armes; ils répondirent : Viens les prendre.

III. La virgule est employée dans la phrase composée :

1o Pour séparer les propositions qui ont peu d'étendue :

On se menace, on court, l'air gémit, le fer brille.

2o Pour séparer les différentes parties des sujets composés, des compléments composés, etc.

La candeur, la docilité, la simplicité, sont les vertus de l'enfance.

REMARQUES.

1. La virgule ne se place point avant *et, ou*,

ni, quand ces conjonctions unissent des mots peu éloignés les uns des autres :

Mon frère et ma sœur. La vérité ou le mensonge.

2. On remplace la virgule par le point-et-virgule, quand les parties correspondantes renferment déjà la virgule.

Il faut louer le courage, lorsqu'il ne dégénère point en témérité ; et la douceur, lorsqu'elle ne dégénère point en faiblesse.

MODÈLES D'ANALYSE LOGIQUE.

L'analyse logique est l'analyse des mots considérés suivant leurs fonctions dans la phrase.

ANALYSE DE LA PROPOSITION INCOMPLEXE.

(La proposition est *incomplexe* lorsqu'elle ne renferme point de compléments.)

Antoine sera savant.

Cette phrase est une proposition, parce qu'elle ne renferme qu'un verbe à un mode personnel (*sera.*).

Qui est-ce qui sera savant ?	*Antoine*, sujet.
	sera, verbe substantif.
Antoine sera.... quoi ?	*savant*, attribut.

Rome florissait.

Cette phrase est une proposition, parce qu'elle ne renferme qu'un verbe à un mode personnel (*florissait*, verbe attributif, pour *était florissant.*)

Qu'est-ce qui florissait ?	*Rome*, sujet.
	était verbe substantif.
Rome était... quoi ?	*florissant*, attribut.

Elle a triomphé.

Cette phrase, etc. —(*A triomphé* pour *est ayant triomphé.*)

Qui est-ce qui a triomphé ?	*Elle*, sujet.
	est, verbe substantif.
Elle est... quoi ?	*ayant triomphé*, attribut.

L'analyse sera ensuite accompagnée de l'exposition des règles de la syntaxe :

Antoine	Placé avant le verbe comme sujet (Dieu est bon.)
sera	Verbe substantif ; 3ᵉ person. sing., parce que le sujet *Antoine* est de la 3ᵉ person. et au sing. (même règle.)
savant.	Masc. sing. comme attribut d'*Antoine* (même règle.)
Rome	Placé avant le verbe comme sujet (Dieu est bon.)
florissait.	Verbe attributif 3ᵉ pers. sing. s'accordant avec le sujet *Rome* (même règle.).

ANALYSE DE LA PROPOSITION COMPLEXE.

(La proposition est complexe lorsqu'elle renferme un ou plusieurs compléments.)

La bonté infinie du créateur de l'univers embrasse toute l'étendue de la nature.

Cette phrase est une proposition.

Iʳᵉ MANIÈRE.

Qu'est-ce qui embrasse toute l'étendue de la nature?

La bonté infinie du créateur de l'univers, sujet logique. — *Bonté*, sujet grammatical. — *La, infinie, du créateur de l'univers*, compléments du sujet.
Est verbe substantif.

La bonté infinie, etc... est... quoi?

Embrassant toute l'étendue de la nature, attribut logique. — *Embrassant*, attribut grammatical. — *Toute l'étendue de la nature*, complément de *embrassant*.

IIᵉ MANIÈRE.

Quand l'élève saura distinguer les compléments *substantifs* des compléments *adjectifs*, voici comme il présentera l'analyse de la phrase ci-dessus.

Qu'est-ce qui embrasse, etc?

La bonté infinie du créateur de l'univers, sujet logique. — *Bonté*, sujet gram. *La, infinie*, compléments adjectifs de *bonté*, parce qu'ils désignent avec ce mot une seule et même chose.

La bonté... de qui?

Du créateur de l'univers, complément logique. — *Créateur*, complém. grammatical substantif de *bonté*, parce qu'il ne désigne pas avec ce mot une seule et même chose. — *Du* pour *de le*, compl. adj. de *créateur*, parce qu'il désigne avec ce mot une seule et même chose.

Du créateur... de quoi ?

De l'univers, complém. logique. — *Univers*, complém. grammatical substantif de *créateur*, parce que, etc. — *l'* pour *le* complément adjectif de *univers*, parce que, etc.

Embrasse, verbe attributif.

Embrasse... quoi ?

Toute l'étendue de la nature, complém. logique. — *Étendue*, complém. grammat. substant., parce qu'il ne désigne pas avec *embrasse* une seule et même chose. — *Toute*, *l'* pour *la*, compléments adjectifs, parce que, etc.

L'étendue... de quoi ?

De la nature, complém. logique. — *Nature*, compl. grammatic. subst. de *étendue*, parce que, etc. *La*, compl. adj. de *nature*, parce que, etc.

III.ᵉ MANIÈRE.

Qu'est-ce qui embrasse, etc. ?

(La) bonté, sujet. — *La*, déterminatif de *bonté*. *Infinie*, qualificatif de *bonté*.

La bonté... de qui ?

(Du) créateur, compl. indirect de *bonté*, parce qu'il répond à la question *de qui* ? — *Du* pour *de le*, déterminatif de *créateur*. — *De*, préposition qui sert à lier le complément *créateur* à son antécédent *bonté*.

Du créateur... de quoi ?

(De) l'univers, compl. indir. de *créateur*, parce que, etc. *l'* pour *le* déterminat. de *univers*. — *De*, préposition qui sert, etc.

Embrasse v. trans., parce qu'il peut avoir un compl. direct.

Embrasse... quoi ?

(L') étendue, complém. direct de *embrasse*, parce qu'il répond à la question *quoi* ? faite après un verbe attributif. *La*, détermin. de *étendue*. — *Toute*, détermin. de *étendue*.

L'étendue... de quoi ?

De (la) nature, compl. indir. de *étendue*, parce que, etc. *La*, détermin. — *De*, préposition, etc.

Enfin voici la même proposition analysée avec les règles :

La	Fémin. sing. comme déterminatif de *bonté* (*la vertu*). Tout substantif commun doit être précédé d'un déterminatif.
bonté	Placé avant le verbe comme sujet (*Dieu est saint.*)
infinie	Fémin. sing. comme qualificatif de *bonté*. Le qualificatif se place ordinairement après son antécédent. (*l'homme vertueux.*)

du	Masc. sing. comme déterminatif de *créateur* (*la ver-tu*).
créateur	Compl. indirect de *bonté*.
de	Préposition qui précède tout complém. indir. d'un substantif (*le livre de Pierre*).
l' p. le	Masc. sing. comme déterminatif de *univers*.
univers	Compl. indir. de *créateur*.
embrasse	Verbe transitif, 3e p. sing., parce qu'il s'accorde avec son sujet *bonté* (*Dieu est saint*).
toute	Fémin. sing. comme détermin. de *étendue* (*la vertu*).
l' p. la	Fémin. sing. comme détermin. de *étendue* (même règle).
étendue	Placé après *embrasse* comme compl. dir. (*j'aime Dieu*).
de	Préposition qui précède , etc.
la	Fém. sing. comme détermin. de *nature* (*la vertu*)
nature.	Compl. indir. de *étendue*..

ANALYSE DE LA PÉRIODE.

Je crois qu'*il est juste* que *les enfants soient punis des fautes* qu'*ils commettent* lorsqu'*ils ont pu les éviter.*

Cette phrase est une période , parce que toutes les propositions , excepté une , étant précédées d'un conjonctif , forment l'assemblage d'une principale avec plusieurs subordonnées.

Je crois, proposition principale, parce qu'elle n'est précédée d'aucun conjonctif.

Je crois… Quoi ?

Qu'il est juste, complétive directe, dont le conjonctif est *que*. Le verbe est ici à l'indicatif, à cause de l'antécédent *croire* (*Je crois que vous lisez.*)

Qu'est-ce qui est juste ?

Que les enfans soient punis des fautes, subjective. Le conjonctif est *que* et le verbe est au subjonctif suivant la règle générale. Les subjectives sont ordinairement annoncées dans la proposition antécédente par le sujet apparent *il*. (*Il est nécessaire que vous travailliez*).

Qu'ils commettent, pour *lesquelles* (fautes) *ils commettent*, qualificative de l'antécédent *fautes*. Le conjonctif est *que* (pour *lesquelles*). Ce pronom conjonctif est toujours complément direct dans les qualificatives. Il est du même genre et du même nombre que son antécédent. Le verbe est à l'indicatif suivant la règle générale. (*L'étude que j'aime.*)

Qu'ils soient punis… Dans quel cas ?

Lorsqu'ils ont pu les éviter, complétive circonstancielle. Le conjonctif est *lorsque*. Le verbe est à l'indicatif suivant la règle générale. (*Le lion parla ainsi après qu'il eut fait les parts*).

ANALYSE DE LA PHRASE COMPOSÉE.

Un lièvre en son gîte songeait ; car que faire en un gîte à moins que l'on n'y songe ?

CETTE PHRASE EST COMPOSÉE :

1° d'une proposition simple expositive , *un lièvre en son gîte songeait*.

2° D'une période simple interrogative , *car que faire en un gîte à moins que*, etc.

Les parties intégrantes sont réunies par la conjonction *car*.

La génisse , la chèvre et leur sœur la brebis ,
Avec un fier lion , seigneur du voisinage ,
Firent société , dit-on , au temps jadis ,
Et mirent en commun le gain et le dommage.

CETTE PHRASE EST COMPOSÉE :

1° D'une proposition simple expositive , *dit-on*, mise avec inversion du sujet pour *on dit*.

2° D'une proposition composée expositive, *la génisse, la chèvre*, etc.

LES PARTIES COMPOSÉES SONT :

1° Un sujet composé , *la génisse*, *la chèvre et leur sœur la brebis*.

On répète l'article devant chaque substantif (*le cœur , l'esprit , les mœurs , tout gagne à la culture*),

2° Un verbe composé, *firent et mirent*, au pluriel , à cause du sujet composé (*le roi et le berger sont égaux après la mort*).

3° Un complément direct composé de *mirent , le gain et le dommage*.

On répète l'article , etc.

L'homme le plus malheureux est sans contre-dit celui qui cherche la fortune , et qui sacrifie tout à cette idole.

Cette phrase est une période composée.

Elle renferme une qualificative composée , *qui cherche la fortune et qui sacrifie tout à cette idole*.

Il sera bon de faire quelquefois décomposer les phrases , de cette manière : *l'homme le plus malheureux est sans contredit celui qui cherche la fortune , et l'homme le plus malheureux est sans contredit celui qui sacrifie tout à cette idole*

TROISIÈME PARTIE.

SUPPLÉMENT A LA SYNTAXE.

SUJET ET COMPLÉMENTS SUBSTANTIFS.

INVERSION DU SUJET.

Nous ne parlerons ici que des inversions les plus remarquables : l'analyse et l'usage feront connaître les autres.

Il est jour. — Il est tard. — Il est trois heures. — Il s'est formé des orages.

Le sujet du verbe *être* et des verbes moyens ou réfléchis dont le sens se rapproche du passif, se place quelquefois après ces mêmes verbes. On met alors au commencement de la proposition le sujet apparent *il,* et c'est avec ce sujet que le verbe s'accorde.

REMARQUE. On a déjà vu la même inversion et l'emploi du même pronom avec l'infinitif sujet : *il est honteux de mentir.*

C'est un péché que le mensonge.

Quand l'attribut est un substantif, on met *ce* au lieu de *il,* et de plus le sujet réel est précédé de *que.*

REMARQUE.

On a dit d'abord : *c'est un péché de mentir.* Ensuite, regardant l'infinitif comme le représentant d'une proposition, on l'a fait précéder du conjonctif *que* : *c'est un péché que de mentir* ; enfin on a dit par analogie, *c'est un péché que le mensonge.*

L'usage a aussi autorisé ces sortes de phrases : *si j'étais que de vous, de lui,* etc.

Cela est vrai, dira-t-on. — *Rien, pensé-je, n'est plus sage.*

C'est-à-dire : *On dira : cela est vrai.* — *Je pense : rien n'est plus sage.*

III. Lorsque dans une phrase composée, on ne commence point par la proposition qui, dans l'ordre direct, doit occuper le premier rang, l'inversion du sujet a également lieu, et l'on observe les régles que nous avons données pour la phrase interrogative concernant l'*e* muet et le *t* euphonique.

REMARQUE.

On dit encore : *a-t-il dîné, il s'en va,* pour *il s'en va quand il a dîné* ; *dussé-je périr, je les défendrai* pour *je les défendrai, quand je devrais périr.*

INVERSION DES COMPLÉMENTS DIRECTS ET DES COMPLÉMENTS INDIRECTS.

Les parts étant faites, je les ai distribuées. — *Les conjurés étant rassemblés, je leur ai dit.*

C'est-à-dire : *J'ai distribué les parts étant faites ; j'ai dit aux conjurés étant rassemblés.*

Les compléments accompagnés d'un participe se placent fréquemment devant le verbe : alors on les fait suivre par pléonasme d'un pronom qui les représente.

REMARQUES.

1. Quelquefois le pronom complément qui précède le verbe est représenté après lui pour donner plus de force à la phrase :

Oh ! que m'a fait, à moi, cette Troie où je cours ?

II. Les pronoms conjonctifs ne peuvent jamais représenter un complément exprimé dans la même proposition. On ne peut pas dire : *C'est à vous à qui je parle* (1), phrase dans laquelle *je parle*

---

(1) D. Qu'est-ce qui est ? R. *à qui je parle à vous.*

a pour complément indirect *à vous*, et pour second complément indirect de même espèce *à
qui*. Il faut: *C'est à vous que je parle*. On dira par
la même raison : *C'est la que je demeure* et non
pas : *C'est là où je demeure*.

SUBSTANTIF PRIS DANS UN SENS PARTITIF OU IN-DÉTERMINÉ.

De l'honneur vaut mieux que de l'or.

Les substantifs pris dans un sens *partitif* ou
indéterminé sont précédés de la préposition *de*.
De l'honneur équivaut à *une certaine quantité
d'honneur*, *de l'or* équivaut à *une certaine
quantité d'or*.

Rendons cela plus sensible par de nouveaux
exemples.

1. Si je dis : *donnez-moi l'eau*, la quantité
d'eau est déterminée par les circonstances. Ce
sera, par exemple, toute l'eau renfermée dans
un vase placé devant moi.

2. Mais dans cette autre phrase : *donnez-moi
de l'eau*, la quantité n'est pas déterminée, et
l'on pourrait demander: *combien en voulez-vous?*

3. *Philippe corrompait les orateurs avec de
l'or.*

La quantité est indéterminée.

*Philippe corrompait les orateurs avec l'or des
mines de la Thrace.*

Ici c'est l'espèce qui est déterminée. C'est cet
or et non pas une autre.

EMPLOI DES PRONOMS *soi*, *le sien*, *le leur*.

Soi.

*N'aimer que soi, c'est un crime dans la société.
Quiconque n'aime que soi.*

Soi se dit plus souvent des choses que des personnes.

Quand *soi* se dit des personnes, le sujet doit être un infinitif ou bien une expression vague, comme *on*, *quiconque*, *chacun*, *personne*, etc.

Le sien, le leur.

Tous ces fruits n'ont pas le même goût: chacun a le sien.

Le sien, *le leur*, se disent plus souvent des personnes que des choses.

Quand *le sien*, *le leur*, s'appliquent aux choses, il faut :

1º Que le nom de la chose soit sujet de la proposition.

2º Que le verbe exprime une action qui convienne aux personnes, comme *avoir*, *entendre*, *frapper*, etc.

EMPLOI DU PRONOM INDÉFINI, *chacun*, et de *l'un l'autre.*

Ces arbres coûtent cent francs chacun.

Chacun forme une proposition elliptique : *Ces arbres coûtent cent francs, chacun coûte cent francs.*

Ils ont combattu l'un contre l'autre.

L'un l'autre, *les uns les autres*, forment des propositions elliptiques.

Il faut toujours sous-entendre le verbe précédent entre *l'un* et *l'autre*, et mettre le dernier à l'espèce de complément exigée par le verbe.

Ainsi j'ai mis : *l'un contre l'autre*, parce qu'on dit : *combattre contre quelqu'un.*

REMARQUE. *L'un l'autre* ne se dit qu'en parlant de deux. Si l'on parle de plus de deux, il faut se servir de *les uns les autres: vingt soldats combattirent les uns contre les autres.*

EMPLOI DE QUELQUES ADVERBES ET DE CERTAINS MOTS PRIS ADVERBIALEMENT.

TOUT.

Ma sœur est toute contente — Mes frères sont tout contents.

Tout pris adverbialement signifie *entièrement*.

Cet adverbe est variable devant un adjectif féminin commençant par une consonne ou une *h* aspirée.

Partout ailleurs il est invariable.

REMARQUE. *Tout* s'emploie de la même manière dans ces sortes de phrases : *Toute sage qu'elle est, tout aimable qu'elle est.*

MÊME.

Les animaux, les plantes MÊME *étaient au nombre des dieux.*

Ils adorèrent MÊME *les plantes.*

Même, est adverbe et par conséquent invariable, 1° quand il est placé après deux ou plusieurs substantifs ; 2° quand il est après un verbe.

ALENTOUR, AUPARAVANT, DAVANTAGE.

NE DITES PAS :	DITES :
Je me promène alentour du parc.	*Je me promène autour du parc.*
J'ai davantage de pain.	*J'ai plus de pain.*
Je l'aime davantage que vous.	*Je l'aime plus que vous.*
Je suis venu auparavant lui.	*Je suis venu avant lui.*
Réfléchissez auparavant d'agir.	*Réfléchissez avant d'agir.*

Alentour, auparavant, davantage, sont des adverbes absolus qui ne peuvent avoir de compléments.

REMARQUE.

Davantage ne peut pas être placé devant un adjectif, ni être employé pour *le plus* :

NE DITES PAS :	DITES :
Il est davantage instruit.	*Il est plus instruit.*
Cet enfant est celui que j'aime davantage.	*Cet enfant est celui que j'aime le plus.*

DESSUS, DESSOUS, DEDANS, DEHORS.

NE DITES PAS :	DITES :
Dessus la table, dessous la table.	*Sur la table, sous la table.*
Dedans la ville, dehors la ville.	*Dans la ville, hors de la ville.*

Dessus, dessous, dedans, dehors, sont également employés sans compléments.

REMARQUE.

Cependant précédés d'une préposition, ou réunis dans une phrase composée, ils peuvent avoir un complément : *Il a sauté par-dessus les murs, les ennemis sont dedans et dehors la ville.*

NE... QUE mis pour *seulement*.

1. *Ne... que* mis pour *seulement* est une locution elliptique fort remarquable :

Il n'a pris que sa robe, c'est-à-dire, *il n'a pris* RIEN SI CE N'EST *que* IL A PRIS *sa robe.*

2. Observez qu'avec *ne... que*, on se sert des pronoms *moi, toi, soi, lui*, au lieu des pronoms *me, te, se, le*, etc, et qu'on les place après le verbe.

Il n'aime que moi, que toi, on n'aime que soi, n'aimer que soi, il n'aime que lui, qu'elle, que nous, etc.

DE L'ATTRIBUT ET DES COMPLÉMENTS ADJECTIFS.

Pronom le, la, les, employé comme attribut.

Êtes-vous madame de Sévigné? — *Je la suis*, tourn. *je suis elle.*	*Êtes-vous reine ?* — *Je le suis*, tourn. *je suis cela.*
Êtes-vous la reine ? je la suis, tourn. *je suis elle.*	*Êtes-vous mariée ?* — *je le suis*, tourn. *je suis cela.*
Êtes-vous cette mariée que j'ai vue ? je la suis, tourn. *je suis elle.*	*Êtes-vous sœurs ?* — *nous le sommes*, tourn. *nous sommes cela.*
Sont-ce vos sœurs? ce les sont. tourn. *ce sont elles.*	

Quand le pronom *le, la, les*, employé comme attribut, peut se tourner par *lui, elle, eux, elles*, ce pronom s'accorde en genre et en nombre avec le mot qu'il représente, et qui est toujours un nom propre ou un mot précédé d'un déterminatif.

6

Mais si le pronom *le* peut se tourner par *cela* , il reste invariable.

(Voyez pour certaines particularités d'accord, page 128.)

DES DÉTERMINATIFS.

DE L'ARTICLE.

Les coupables n'osent lever la tête.

Quand une chose possédée est *unique* pour chaque objet possesseur, le nom de cette chose se met au singulier, s'il est précédé de l'article.

Je mets *la tête* au singulier, parce que chaque coupable n'a qu'une tête.

Remarque. Mais si le nom de la chose possédée est précédé de *leur*, *notre*, *votre*, il doit se mettre au pluriel : *Les coupables n'osaient lever leurs têtes.*

Toutefois l'objet possédé se mettrait au singulier, s'il n'avait pas de pluriel, ou s'il était *unique* pour *tous* les objets possesseurs : *Les Anglais mettent leur pays au-dessus de tous les autres.* Les Anglais n'ont tous qu'un seul et même pays.

ELLIPSE DE L'ARTICLE.

1. *Pauvreté n'est pas vice.* 2. *Faire plaisir.* 3. *Dignités, honneurs, richesses, tout s'évanouit à la mort.* 4. *Ce prince est empereur.*

On supprime l'article :

1º Dans les phrases proverbiales.

2º Dans certaines locutions où le complément direct est joint au verbe d'une manière inséparable : *faire plaisir, avoir pitié, perdre courage, entendre raillerie* (N. B. *Entendre raillerie* veut dire ne pas se fâcher de la raillerie ; *entendre la raillerie,* la manier avec esprit.)

3₀ Devant les substantifs réunis dans une phrase composée, quand ils sont accompagnés de *tout, rien, personne.*

4° Devant les substantifs qui marquent une simple qualité (*N. B.* Si l'on disait : *ce prince est l'empereur*, *l'empereur* ne marquerait pas une simple qualité, mais plutôt la personne distinguée par cette qualité.)

REMARQUE sur *tous les deux, tous deux.*

Quand on dit : *Pierre et Paul ont été tous deux à la chasse*, cela signifie qu'ils y ont été de compagnie.

Mais cette autre phrase : *Pierre et Paul ont été tous les deux à la chasse*, ne fait pas entendre qu'ils y ont été ensemble.

ELLIPSE DE L'ARTICLE APRÈS *de.*

L'emploi de l'article après DE dépend souvent d'un usage fort capricieux. On peut toutefois remarquer qu'en général, l'article est supprimé dans les locutions le plus fréquemment employées.

On dit avec l'article :	On dit sans article :
Il revient de la Chine, du Pérou.	*Il revient de France, d'Angleterre.*
L'empereur de la Chine, l'or du Pérou.	*L'empereur d'Autriche, l'argent d'Allemagne, l'encre de Chine.*
Il est mort de la fièvre, de la peste.	*Il est mort de faim, de froid, de misère.*
Il est digne de la mort.	*Il est digne de mort.*

Nous allons néanmoins donner quelques règles particulières.

ELLIPSE DE L'ARTICLE DEVANT LES SUBSTANTIFS PRIS DANS UN SENS PARTITIF OU INDÉTERMINÉ.

De bonne eau vaut mieux que de mauvais vin.

I. Lorsqu'un mot pris dans un sens indéterminé est précédé d'un adjectif, on retranche l'article.

REMARQUE.

Si l'adjectif et le substantif sont tellement unis par le sens qu'ils ne forment, pour ainsi dire, qu'un seul mot, on ne supprime pas l'article : *des petits-maîtres*, *des grands hommes*, *des petites-maisons* (hospice pour les fous), etc.

Ces chemins sont bordés de peupliers (pour *de des peupliers*.)

II. Quand le mot pris dans un sens indéterminé est un complément indirect qui doit être précédé de la préposition *de*, on exprime cette préposition, mais on retranche l'article.

REMARQUE.

On reconnaît facilement que le complément indirect est indéterminé lorsqu'il peut être remplacé par un complément direct ou un complément circonstanciel également indéterminé.

Sens indéterminé,	Sens déterminé.
Les chemins sont bordés de peupliers qui croissent promptement.	*Les chemins sont bordés des peupliers que j'ai plantés.*
Tournez : *Ont sur les bords des peupliers qui croissent promptement.*	Tournez : *Ont sur leurs bords les peupliers que j'ai plantés.*
Je l'ai nourri de pain d'orge.	*Il faut se nourrir du pain des anges.*
Tourn *Je l'ai nourri avec du pain d'orge.*	Tourn. *Il faut se nourrir avec le pain des anges.*

ELLIPSE *de l'article après les* collectifs *et les* adverbes de quantité.

Les substantifs qui marquent une réunion de plusieurs choses de même espèce s'appellent *collectifs*. Tels sont : *nombre*, *quantité*, *espèce*, *sorte*, *foule*, *multitude*, *douzaine*, *paire*, *couple*, *armée*, *flotte*, *forêt*, etc.

Sont analogues aux collectifs, les substantifs et les adverbes de quantité, comme *arpent*, *boisseau*, *livre* (poids), *litre*, *bien*, *beaucoup*, *combien*, *peu*, *la plupart*, etc., et les adverbes de négation *pas*, *point*. (Voyez page 128.)

RÈGLE.

Un grand nombre de malfaiteurs ; une bou-
teille de vin ; beaucoup d'eau ; je ne vous ferai
pas de reproches.

I. Après les collectifs, les substantifs et les adverbes de quantité, on supprime ordinairement l'article.

REMARQUE. On dit : *je ne connais pas d'homme plus savant*, ou même, *je ne connais pas homme plus savant.* C'est comme s'il y avait : *je ne connais pas un homme plus savant.*

EXCEPTION. Quand on veut marquer expressément une partie d'une plus grande quantité, on conserve l'article.

On dit sans article :	On dit avec l'article :
J'ai vu passer un grand nombre de malfaiteurs qui ont été arrêtés hier.	*J'ai vu passser un grand nombre des malfaiteurs qui ont été arrêtés hier.*
J'ai vu tous les malfaiteurs.	*J'ai vu une partie des malfaiteurs.*
Il apporte une bouteille de vin qu'il a achetée.	*Il apporte une bouteille du vin qu'il a acheté.*
Tout le vin contenu dans la bouteille.	*Une partie du vin acheté.*
Il a bu beaucoup d'eau.	*Il a bu beaucoup de l'eau renfermée dans ce vase.*
Une quantité d'eau considérable.	*Une partie considérable de l'eau, etc.*
Je ne vous ferai pas de reproches.	*Je ne vous ferai pas des reproches frivoles.*
La négation porte sur toute espèce de reproches.	La négation porte sur une partie des reproches, *les reproches qui sont frivoles.*

REMARQUE. L'article est toujours exprimé après *bien, la plupart : bien des hommes, la plupart des hommes.*

ELLIPSE DE L'ARTICLE DEVANT LES SUBSTANTIFS PRIS DANS UN SENS ADJECTIF.

Un homme d'esprit. — Une statue de marbre.

L'article est supprimé dans les compléments substantifs qui sont adjectifs pour le sens.

REMARQUES.

La suppression de l'article a également lieu après *à, avec, sans, par, pour*, quand le substantif, précédé de sa préposition, a un sens adjectif ou adverbial : *un gentilhomme sans fortune ;*

il se conduit avec sagesse; il a fait cela par orgueil; ils l'ont pris pour roi.

Cependant on met l'article quand le substantif est expressément distingué par le sens ou par les mots qui le modifient : *J'ai une statue du marbre le plus précieux.* Dans ce cas le sens adjectif disparaît, et il ne reste qu'un véritable complément substantif.

EMPLOI de *son, sa, ses, leur, leurs.*

Un père aime ses enfants. D. Les enfants de qui? R. du *père.* — *Mais il n'aime pas leurs défauts.* D. Les défauts de qui? R. des *enfants.*

I. On emploie *son, sa, ses, leur, leurs,* quand l'objet possesseur est une personne.

L'âge d'or n'a fait que paraître sur la terre ; le crime a bientôt pris sa place. D. La place de qui? R. de *l'âge d'or.*

II. On emploie encore *son, sa, ses,* etc., quand l'objet possesseur est une chose personnifiée. Dans l'exemple cité, l'Age d'or est présenté comme une personne qui serait remplacée par une autre.

Ces arbres ont leurs branches rompues. 2. *J'ai recueilli une partie de leurs feuilles.* 3. *La mer est agitée ; ses flots battent le rivage.*

III. On se sert encore de *son, sa, ses,* etc. lors même que l'objet possesseur est le nom d'une chose qui n'est pas personnifiée :

1° Quand le nom de l'objet possesseur est dans la même proposition.

2° Quand *son, sa, ses,* etc., est précédé d'une préposition.

3° Quand *son, sa, ses,* etc., précède le sujet d'un verbe qui marque une action.

*Paris est une belle ville : j'en admire les mo-
numents.*

*Ces arbres sont magnifiques : les fruits en sont
déjà mûrs.*

IV. Mais on emploie *en* au lieu de *son*, *sa*,
ses, *etc.*, dans tout autre cas.

REMARQUE *sur l'emploi de* son , sa, ses , leur,
leurs , *après* chacun.

Après *chacun* se rapportant à un mot au pluriel , on met tantôt *son*, *sa* , *ses* , et tantôt *leur*,
leurs.

1o On met *leur*, *leurs*, quand *chacun* sépare le
verbe de son complément direct ou de son complément indirect : *Ils ont décidé*, CHACUN *à leur
manière, cette question importante.* — *Ils ont
nui chacun à leurs intérêts.*

2o On met *son, sa, ses*, quand *chacun* est placé après un verbe intransitif absolu, ou après un
complément soit direct soit indirect. *Ils ont dor-
mi chacun dans son lit ; ils ont nui à leurs intérêts chacun de son côté.*

Dans ce dernier cas *chacun* commence , une
proposition elliptique , et entraîne par conséquent l'emploi de *son, sa, ses.* (Voyez p. 119.)

EMPLOI DES NOMBRES CARDINAUX.

Louis-quatorze. — *L'an six cent.* — *L'an mil
sept cent quatre-vingt.*

Les nombres cardinaux sont souvent employés à
la place des nombres ordinaux *premier, second,
troisième,* etc. *Louis-quatorze* pour *quatorzième,
l'an six cent* pour *six centième; l'an mil sept
cent quatre-vingt*, pour *l'an millième sept centième quatre-vingtième.*

Dans ce sens *vingt* et *cent* restent invariables.

DES QUALIFICATIFS.

Il y a deux espèces de collectifs :

1º Les collectifs *indéterminés* qui expriment uniquement le nombre, comme *nombre*, *foule*, *multitude*, *espèce*, *douzaine*, etc.

2º Les collectifs *déterminés* qui ajoutent à cette signification une idée particulière, comme *armée*, *flotte*, *forêt*, etc.

Ces derniers suivent pour l'accord les règles générales que nous avons données.

Les collectifs indéterminés s'en éloignent au contraire dans certains cas.

RÈGLES.

La foule des habitans éperdue. Une foule d'habitants éperdus.

1. Quand un collectif indéterminé est suivi d'un complément, le qualificatif s'accorde tantôt avec le collectif, et tantôt avec le complément.

1º Le qualificatif s'accorde avec le collectif quand celui-ci n'est pas précédé de *un*, *une*.

2º Le qualificatif s'accorde avec le complément quand le collectif est précédé de *un*, *une*.

REMARQUE.

On dira cependant *la douzaine d'œufs frais* et non pas *fraîche*, *une multitude de Barbares infinie*, et non pas *infinis*, parce que ces adjectifs ne peuvent se rapporter qu'aux seuls substantifs avec lesquels ils s'accordent ici. Cette remarque est applicable a une foule de cas particuliers.

Beaucoup d'habitans éperdus.

II. Les adverbes de quantité suivent la règle des collectifs précédés de *un*, *une*. Le qualificatif s'accorde avec le complément de l'adverbe.

REMARQUE GÉNÉRALE.

Le complément des collectifs et des adverbes de quantité est quelquefois sous-entendu ; mais le qualificatif ne s'en met pas moins au pluriel :

Un grand nombre éperdus, beaucoup éperdus ne savaient que devenir.

Cet exemple présente une *syllepse*, c'est-à-dire, un accord opposé aux règles et qui ne peut se justifier que par le sens.

ACCORD DU QUALIFICATIF AVEC *gens*,

Toutes les vieilles gens soupçonneux sont détestés.

On met au féminin tous les qualificatifs qui précèdent *gens*, et au masculin tous ceux qui le suivent.

EXCEPTION. *Tout* ne se met au féminin que devant un adjectif qui a une terminaison particulière pour ce genre. Ainsi l'on dira : *tous les gens, tous les honnêtes gens.*

ACCORD DU QUALIFICATIF AVEC *personne* ET *quelque chose.*

Je ne connais personne de plus méchant. — Il a fait quelque chose de honteux.

Personne est masculin quand il est employé sans déterminatif.

Quelque chose est aussi masculin quand il signifie simplement *une chose.*

REMARQUES. 1. Si l'on plaçait un adjectif entre *quelque* et *chose*, cet adjectif prendrait le féminin : *J'ai quelque bonne chose à vous donner.*

2. Faites attention à la préposition *de*, qui joint le qualificatif à ces substantifs indéfinis.

Tout ce que nous venons de dire sur l'accord du qualificatif peut également s'appliquer à l'attribut.

6*

ACCORD DU QUALIFICATIF AVEC *air*.

Cette personne a l'air bon ; cette pomme a l'air d'être bonne.

Le qualificatif s'accorde avec *air* d'après la règle générale, quand on parle d'une personne. Mais si l'on parle d'une chose, il vaut mieux prendre une autre tournure.

ACCORD DU MOT *témoin* EMPLOYÉ ADJECTIVEMENT.

Je vous prends pour témoins.—Je vous prends à témoin. — Témoin les victoires qu'il a remportées.

Témoin employé adjectivement s'accorde en nombre avec le mot auquel il se rapporte. Mais précédé de *à* ou placé au commencement d'une phrase, il reste invariable.

ACCORD DU MOT *feu*.

Feu ma mère ; ma feue mère.

Feu est invariable quand il est placé avant le déterminatif, et variable quand il ne vient qu'après.

Observation sur pire *et* pis.

I. Il ne faut pas confondre *pire* et *pis*.

Pire est l'opposé de *meilleur.* *Ma condition est pire que la vôtre.*	*Pis* est l'opposé de *mieux.* *Cela est bien pis.*

II. *Pis* ne peut se rapporter qu'à un infinitif, à un des pronoms *ceci, cela*, ou enfin, à quelque substantif indéfini tel que *rien, quelque chose.*

Se venger est pis que souffrir. —Il n'a rien fait de pis ; il a fait quelque chose de pis.

DU PARTICIPE PRÉSENT.

Une femme lisant. — Des femmes lisant.

Le participe présent est invariable.

Observation sur les adjectifs verbaux en ant.

Il ne faut pas confondre le participe présent avec

l'adjectif verbal qui a la même terminaison : *obli-geant, obligeante ; prévenant, prévenante ; amusant, amusante ; etc.*

I. Le qualificatif en *ant* est participe quand il a un complément direct : *Cette personne prévenant mes désirs, a fait tout ce que je pouvais demander.*

II. Le qualificatif en *ant* est adjectif verbal, lorsqu'il n'a point de complément : *Cette personne prévenante a fait tout ce que je pouvais demander.*

Le qualificatif en *ant* est encore adjectif verbal, lorsqu'on ne peut pas le tourner par une proposition qualificative :

J'ai traversé une rue passante.

Passante est adjectif parce qu'on ne peut pas dire : *une rue qui passe.*

Il avait la figure dégouttante, ruisselante de sueur.

Dégouttante, ruisselante sont adjectifs parce qu'on ne peut pas dire une figure *qui dégoutte, qui ruisselle.* C'est la sueur qui dégoutte et qui ruisselle.

III. Quant au sens, le participe présent exprime toujours une action faite dans un certain temps.

L'adjectif verbal exprime un état habituel, une simple qualité. Il peut souvent être remplacé par un adjectif analogue.

Les orateurs parlant au milieu du bruit n'ont pu être entendus.	*Il a des yeux parlants.*
Les orateurs n'ont pu être entendus au moment où ils parlaient.	Ses regards sont habituellement de cette manière : ils sont expressifs.
J'ai vu des bâtons flottant sur la mer.	*J'ai vu sur la mer des bâtons flottants.*
Ces bâtons flottaient au moment où je les ai vus.	Ces bâtons flottaient habituellement.

DU PARTICIPE PASSÉ.

Nous n'examinerons ici le participe passé que

dans le cas où il est précédé du verbe *avoir*, et dans les temps composés du moyen. Partout ailleurs il suit, comme nous l'avons vu, les règles de l'attribut ou du qualificatif.

Règles générales.

I. Le participe passé, dans les temps composés où entre l'auxiliaire *avoir*, ne prend jamais ni le genre ni le nombre du sujet.

II. Mais il s'accorde avec le complément direct, lorsque celui-ci le précède.

III. Les mêmes règles s'appliquent au participe passé dans les temps composés de la voix moyenne ou réfléchie (1).

(1) I. Il ne paraît pas douteux que les temps composés avec l'auxiliaire *avoir*, ne se soient introduits dans les langues modernes à l'imitation d'une locution latine (comme *compertum habeo*) employée avec abus dans les âges de la basse latinité. Cette locution renferme le verbe *avoir* et un participe *passif* qui se rapporte au *complément* de ce verbe.

Ainsi quand nous disons en français : *J'ai écrit une lettre*, cela équivaut à *J'ai une lettre écrite* On trouve dans La Fontaine : *Quand les tièdes zéphyrs ont l'herbe rajeunie*. Les Italiens disent également : *j'ai écrite une lettre* et *j'ai une lettre écrite*.

De là je conclus que *le participe des verbes transitifs est passif et non actif*, et que *l'accord ne peut se faire qu'avec le complément direct et non avec le sujet*.

II. Mais pourquoi cet accord n'a-t-il pas lieu quand le participe précède le complément ?

On remarquera d'abord que cette irrégularité n'est pas la seule de ce genre, et qu'elle existe également dans *nu-pieds*, *demi-livre*, etc. D'ailleurs les verbes transitifs étant fréquemment employés sans complément direct, le participe a dû non moins souvent rester invariable. La force de l'usage aura fini par étendre l'invariabilité au cas même où le complément suit le participe.

III. La même raison n'existe plus quand le complément précède le participe ; et l'attention étant d'abord appelée sur ce complément, l'accord est de rigueur. On retrouve ici l'analogie avec *pieds nus*, *livre et demie*.

IV. Peut-être que dans le principe tous les verbes intransitifs se conjuguaient avec *être*. C'est au moins le seul verbe que la raison puisse admettre. Dans la suite l'auxiliaire *avoir*, par une dégradation insensible de sa signification primitive, aura été employé, à l'imitation des verbes transitifs, là où le verbe *être* eût été le seul convenable C'est ce qui a lieu dans la plupart de nos verbes intransitifs. Ainsi l'on a dit *j'ai été* pour *je suis été*,

Des mots qui servent ordinairement de comᵖ pléments directs.

Les mots qui précèdent souvent les temps composés et qui peuvent en être les compléments directs sont :

1º Dans les phrases expositives : *me*, *te*, *se*, *nous*, *vous*, *le*, *la*, *les*, *que* pour *lequel*, *laquelle*, *lesquels*.

2º Dans les propositions interrogatives ou exclamatives : *lequel*, *laquelle*, *lesquels*, ou un substantif précédé de *quel*, *que de*, *combien de*.

QUESTION. *Comment reconnaître si le mot qui précède le temps composé en est le complément direct ?*

RÉPONSE. 1. Il faut essayer de le mettre immédiatement après le temps composé.

2. Si c'est un pronom ou un conjonctif pronominal on y substitue d'abord le mot que le pronom ou le conjonctif représente.

Quand le sens ne souffre pas de ce changement, le mot qui précède le temps composé en est le complément direct.

---

comme s'expriment encore les Italiens et d'autres peuples. Il ne serait même pas difficile de trouver des verbes dans lesquels *être* n'est déjà presque plus d'usage ; témoin *périr*, parf. *il a péri*, mieux que *il est péri*. N'était il pas échappé à Marmontel lui-même d'écrire *j'ai tombé* ?

Ces verbes étant intransitifs ne peuvent avoir de complément direct, et comme d'ailleurs la forme en est active, le participe est resté invariable.

V. Quant aux verbes réfléchis, l'existence de l'auxiliaire *être* à la place de l'auxiliaire *avoir* ne doit pas nous paraître plus étrange que celle de *avoir* à la place de *être*, dans la plupart des verbes intransitifs.

Le moyen ayant à la fois une signification active et passive, les peuples qui n'ont eu que *l'action* en vue, comme les Allemands et les Anglais, ont employé le verbe *avoir*. C'est la *passion* que nous avons considérée de préférence, et nous avons pris le verbe *être*, qui est propre au passif ; en lui conservant toutefois la force du verbe transitif *avoir*. Remarquons encore ici que la voix réfléchie est bien *moyenne* entre l'actif et le passif.

EXEMPLES.

La lettre que j'ai écrite. | *J'ai écrit la lettre.*

Que étant pour *laquelle lettre*, j'essaie de mettre le substantif *lettre* après le temps composé , et comme cela peut se faire, j'en conclus que le conjonctif *que* est complément direct du verbe , et que le participe doit s'accorder avec lui.

Les enfants que vous | *Vous avez fait tomber les enfants.*
avez fait tomber.

On ne pourrait pas dire *Vous avez fait les enfants tomber.* Donc *que* n'est pas complément direct de *vous avez fait*, et le participe reste invariable.

Le verbe *faire* est toujours inséparable de l'infinitif suivant.

Les enfants que j'ai | *J'ai vu les enfants*
vus tomber. | *tomber.*
La femme que j'ai | *J'ai vu peindre la*
vu peindre. | *femme.*

On la peignait.

La femme que j'ai vue | *J'ai vu la femme*
peindre. | *peindre.*

La femme peignait.

Les défaites qu'il a eu | *Il a eu à essuyer des défaites.*)
ou eues à essuyer. | *Il a eu des défaites à essuyer.*)

Il m'a rendu tous les | *Il a dû, pu, voulu me*
honneurs qu'il a dû, pu, | *rendre des honneurs.*
voulu.

Les affaires que j'ai | *J'ai su que vous*
su que vous aviez. | *aviez des affaires.*

Cette femme est moins | *Je n'ai pas cru cela ,*
savante que je ne l'ai | *savoir, qu'elle fût sa-*
cru. | *vante.*

Ici *l'* est pour *le* (ou *cela*); car on dirait en changeant de temps : *elle est moins savante que je ne le croyais.*

Il a perdu plus d'écus | *Il a gagné* EN *, de cela*
qu'il n'en a gagné. |

En n'étant pas susceptible de prendre le pluriel, le participe reste invariable.

Je les en ai avertis. | *J'ai averti eux de ce-*
| *la.*

Les années qu'il a vécu, régné.	*Il a vécu, il a régné (combien de temps?) des années.*
Les heures que j'ai dormi.	*J'ai dormi (combien de temps?) des heures.*
Les sommes que ma bibliothèque m'a valu, m'a coûté.	*Ma bibliothèque m'a valu, coûté (combien?) des sommes.*

Dans ces trois derniers exemples, les compléments qui précèdent les temps composés étant indirects, le participe reste invariable.

Les éloges que sa conduite lui a valus.	*Sa conduite lui a valu (quoi?) des éloges.*

Ici *valoir* signifie *procurer*.

Les peines que son instruction m'a coûtées.	*Son instruction m'a coûté (quoi?) des peines.*

Ici *coûter* signifie *causer*.

Les chaleurs qu'il a fait, qu'il y a eu.	*Il a fait, il y a eu des chaleurs.*

Le pronom *il* annonce que *des chaleurs* est le sujet et non le complément de *il a fait, il y a eu.* Voyez au reste sur cette locution, page 139.

Cette femme s'est proposée pour modèle.	*Cette femme a proposé soi.*
Elle s'est proposé de vous instruire.	*Elle a proposé à soi.*
Ma sœur s'est plu à la campagne.	*Ma sœur a plu à soi.*
Ces femmes se sont repenties.	*Ces femmes ont repenti soi.*

Dans les verbes qui n'ont que le moyen, les pronoms *me*, *te*, *se*, etc., sont censés compléments directs. Il faut excepter *s'arroger*, qui équivaut à *arroger à soi*.

REMARQUE *sur le peu suivi d'un complément.*

Le peu suivi d'un complément présente quelquefois une difficulté touchant l'accord du participe.

1. Quand *le peu* signifie le manque absolu

d'une chose, c'est avec lui que le participe s'accorde : *le peu d'affection que vous m'avez montré m'a vivement affligé.*

2. Quand *le peu* signifie *un peu*, une petite quantité, le participe s'accorde avec le complément : *le peu d'affection que vous m'avez montrée a suffi pour m'encourager.*

On connaît que *le peu* marque une petite quantité quand on peut le retrancher sans nuire au sens : *l'affection que vous m'avez montrée a suffi pour m'encourager* Mais on ne dira pas : *l'affection que vous m'avez montrée m'a affligé.*

REMARQUE sur *excepté, y compris, ci-joint, ci-inclus.*

1. On écrit : *il a gagné tous les prix excepté deux ; ce livre a trois cents pages y compris la préface.*

Mais si l'on plaçait *excepté, y compris* après *deux, la préface,* l'accord aurait lieu suivant la règle ordinaire : *Il a gagné tous les prix, deux exceptés ; ce livre a trois cents pages, la préface y comprise.* (Voyez la note, pag. 132.)

2. *Ci-joint, ci-inclus* placés devant un nom sans déterminatif sont pris adverbialement et restent invariables ; mais si le nom est précédé d'un déterminatif on les fait accorder.

Vous trouverez { *ci-joint* / *ci-inclus* } *copie de sa lettre.*

Vous trouverez { *ci-jointe* / *ci-incluse* } *la copie de sa lettre.*

DU VERBE.

SYNTAXE DU VERBE AVEC LES COLLECTIFS ET LES ADVERBES DE QUANTITÉ.

La foule des habitants accourut ; une foule d'habitants accoururent ; beaucoup d'habitants accoururent.

1º Le verbe s'accorde avec le collectif indéterminé quand celui-ci n'est pas précédé de *un*, *une*.

2º Le verbe s'accorde avec le complément du collectif quand celui-ci est précédé de *un*, *une*.

Le verbe s'accorde également avec le complément des adverbes de quantité.

Accord du verbe avec *plus d'un*.
Plus d'une Pénélope honora son pays.

Avec *plus d'un* le verbe se met au singulier.

Remarque. Cependant on met le verbe au pluriel, quand on parle de deux personnes qui font l'une sur l'autre l'action marquée par le verbe : *Plus d'un se trompent mutuellement.*

Accord du verbe *être* précédé de *ce*.
C'est moi, c'est toi, c'est nous, c'est vous. Ce sont eux. — Ce seront vos fils.

L'analyse démontre que, dans ces sortes de phrases, le véritable sujet est le pronom qui suit le verbe *être*, et que *ce* est attribut. Cependant le verbe *être* s'accorde toujours avec le sujet apparent *ce*, à moins que le substantif ou le pronom suivant ne soit au pluriel.

I.e Remarque.
Quand la phrase est interrogative, on ne peut dire au pluriel que *sont-ce*, *étaient-ce*, *seraient-ce*, *auraient-ce été*. Encore *sont-ce* ne s'emploie que devant un substantif : *Sont-ce vos fils ?* mais avec un pronom, il faut : *Est-ce eux, est-ce elles ?*

II.e Remarque.
Quand ces sortes de propositions sont suivies d'une qualificative, le conjonctif représente toujours le genre, le nombre et la personne du substantif ou du pronom qui suit le verbe *être*, et qui est le plus voisin du conjonctif.

C'est vous qui serez punis. Est-ce eux qui se-
ront punis ?

EMPLOI DE QUELQUES VERBES.

Aller, devoir, avoir.

Je vais partir bientôt ; je dois partir bientôt ;
j'ai à réciter ma leçon.

Le verbe *aller* sert quelquefois à marquer un
futur prochain.

Le verbe *devoir* marque un futur d'obligation.
Je dois partir signifie *je suis dans l'obligation*
de partir.

Le verbe *avoir* a un sens analogue : *J'ai à réci-*
ter signifie *je dois réciter.*

REMARQUE.

Au lieu de *j'ai à vendre une maison, j'ai à voir une chose admi-*
rable, on dit avec inversion : *j'ai une maison à vendre, j'ai une*
chose admirable à voir. L'habitude de cette inversion a fait regarder l'infinitif dans ces phrases comme un qualificatif (*j'ai*
une maison à vendre), ou comme un complément (*j'ai une chose*
admirable à voir). On a dit ensuite d'une manière absolue : *Une*
maison à vendre, une chose admirable à voir. Nous avons vu que
dans ce cas l'infinitif a un sens passif.

Cette remarque explique d'une manière plus satisfaisante la
double orthographe du temps composé, dans cette phrase : *les*
défaites que j'ai eu ou *que j'ai eues à essuyer.* Quand on écrit *j'ai*
eu, on regarde *essuyer* comme un infinitif actif complément de
j'ai eu ; quand on écrit *j'ai eues,* on regarde *à essuyer* comme
un qualificatif de *défaites.* Dans le premier cas, *que* est le complément *d'essuyer ;* dans le second, il est le complément de
j'ai eu.

Faire.

Je les ai fait partir.—Je leur ai fait écrire une
lettre.

Le verbe *faire*, placé devant un infinitif, est
une espèce d'auxiliaire qui donne à ce dernier la
force d'un verbe transitif, quand cet infinitif ne
l'a pas déjà par lui-même.

Ne faire que de ; venir de.

Il ne fait que de sortir. — Il vient de sortir.

Ne faire que de exprime un passé peu éloigné.
Venir de est employé dans le même sens.

Remarque. Ne confondez pas *ne faire que de* avec *ne faire que*. Ce dernier marque une répétition fréquente : *Il ne fait que jouer* , c'est-à-dire, *il joue continuellement*.

Il pleut, il neige, il fume, etc.

Ces sortes de verbes renferment le sujet réel, le verbe et l'attribut : *Il est pluie, il est neige, il est fumée*, etc.

Il fait chaud; il fait froid.

Le verbe *faire* a un sens passif. Il vient probablement du mot latin *fit*, qui signifie *il est fait* : *Le chaud est fait, le froid est fait*.

On peut encore expliquer ce verbe par l'ellipse de *se*. On a pu dire *il se fait chaud, il se fait froid*, comme on dit : *Il se fait tard*.

Remarque. Dans cette phrase : *Les chaleurs qu'il a fait étaient excessives, que* n'est point complément direct, puisque *il a fait* n'est pas transitif. Voilà pourquoi *fait* reste invariable.

Il y a, il y avait.

Il, *y*, sont évidemment pour *ce*, *la*, ou *cela*. De plus, *il y a, il y avait*, forment des locutions elliptiques ; le mot *existence* est sous-entendu : *cela a l'existence, cela est*.

Ainsi, *il y a des soldats près d'ici* équivaut à : *cela* (savoir *des soldats*) *est près d'ici, il est près d'ici des soldats*, ou enfin *des soldats sont près d'ici* (1).

En conter, en imposer, en vouloir, l'emporter.

Quelquefois le complément, au lieu d'être en-

---

(1) En latin et en grec, le verbe qui signifie *avoir*, est employé d'une manière analogue. Au lieu de *la chose est ainsi*, on peut dire en latin : *la chose s'a ainsi*; et en grec : *la chose a ainsi*.

tièrement supprimé, est remplacé par un pronom. Ainsi, au lieu de *il vous conte des fables*, on a fini par dire : *il vous en conte.*

Au lieu de : *il vous veut du mal, il vous en veut.*

Au lieu de : *il impose des mensonges, il en impose.*

On dit avec ou sans complément direct : *il m'impose du respect*, ou seulement *il m'impose.*

L'emporter signifie *emporter le prix.*

THÉORIE DES VOIX, DES MODES ET DES TEMPS.

VOIX.

I. En comparant les trois voix d'un même verbe, *je frappe*, *je suis frappé*, *je me frappe*, relativement à la signification, on pourra faire les remarques suivantes :

1º A l'actif (*je frappe*), le sujet est représenté comme faisant une action.

2º Au passif (*Je suis frappé*), le sujet reçoit, souffre l'action faite par un autre.

3º Au moyen (*je me frappe*), le sujet fait et reçoit l'action. Le moyen tient donc, pour la signification comme pour la forme, de l'actif et du passif.

II. Il est fort important de distinguer la forme d'un verbe de sa signification.

Relativement à la forme, les voix ne sont autre chose que les trois manières de conjuguer un verbe.

Relativement à la signification, les voix sont les trois sens d'un verbe considéré par rapport au sujet.

III. Nous avons vu qu'un verbe avec la forme active a quelquefois la signification du passif (p. 70, 78, 82.)

IV. Les verbes qui n'ont que la forme moyenne

comme *se repentir*, *s'emparer*, etc., ont la signification active.

V. Le moyen des verbes transitifs a quelquefois aussi la signification active : *s'apercevoir*
d'une chose, *s'attaquer* à quelqu'un.

Il a plus souvent la signification passive : *Je*
ne m'effraie pas de vos menaces, c'est-à-dire,
je ne suis pas effrayé. Cela a surtout lieu à la
troisième personne, quand le sujet est un nom
de chose : *Ce mot se trouve dans Phèdre*, c'est-
à-dire, *est trouvé*.

A la même voix, le pluriel, et quelquefois le
singulier, sont employés dans un sens de récipro-
cité. Par exemple, *je me bats*, ne signifie pas
toujours *que je me frappe*, mais que je donne
des coups à quelqu'un, et que j'en reçois de lui.
Je me bats avec Paul; nous nous flattons tous
deux.

VI. Nous avons vu que certains verbes intransitifs prennent *avoir* ou *être* aux temps composés.
Les Grammairiens mettent cependant quelque
différence dans l'emploi de ces deux auxiliaires.

Le verbe *avoir* marque une *action* :	Le verbe *être* exprime un *état* :
Les troupes ont passé à Bourges, y a quinze jours.	*Les troupes sont passées depuis quinze jours.*
On représente l'armée comme ayant fait une action	Il n'est ici question que d'un fait qui a eu lieu.
La fièvre a cessé hier.	*La fièvre est cessée.*
On regarde la fièvre comme ayant fait une action.	On ne parle que d'un fait actuellement existant.

Quelquefois le changement de l'auxiliaire entraîne un changement total de signification :

Cette maison m'a convenu, c'est-à-dire, m'a été convenable.	*Je suis convenu du prix,* c'est-à-dire, je suis demeuré d'ac- cord.
Il est demeuré sur le champ de bataille.	*Il a demeuré sur le champ de bataille.*
Il est resté sur le champ de bataille.	*Il a habité.*
Cette faute m'est échappée.	*Cette faute m'a échappé*
Je l'ai faite par mégarde.	*Je l'ai oubliée ou je ne l'ai* pas saisie.

On se rappellera que certains verbes intransitifs tels que *sortir*, *veiller*, etc., prennent *avoir* en devenant transitifs (p. 70).

MODES ET TEMPS DE L'ACTIF ET DU MOYEN.

INDICATIF.

I. L'indicatif est le mode par lequel on affirme simplement qu'une chose *est*, qu'elle *a été* ou qu'elle *sera*.

De là trois temps essentiels : *le présent*, *le passé* (ou *l'aoriste*), *le futur*.

II. Ces temps suffiraient, rigoureusement parlant, à l'expression de la pensée. Cependant la langue française en offre plusieurs autres qui marquent les diverses nuances du passé et du futur.

Ces temps sont :

1º Pour le passé : *L'aoriste antérieur*, *le parfait*, *l'imparfait*, *le plusque-parfait*.

2º Pour le futur : le *futur antérieur*.

VALEUR ET EMPLOI DES TEMPS DE L'INDICATIF.

PRÉSENT.

I. Le présent exprime qu'une chose existe, qu'elle a lieu à l'instant où l'on parle. *J'aime*, *je lis*.

II. Le présent est souvent employé pour marquer le futur : *Je pars dans un instant*, *ce soir*, *demain*; *si nous partons demain*.

III. Le présent s'emploie aussi pour le passé, quand on fait le récit d'une chose comme si elle se passait sous les yeux de celui qui parle :

Turenne meurt, *tout se confond*, *la victoire chancelle*.

PARFAIT.

I. Le parfait désigne une chose passée au moment où l'on parle, sans exprimer si l'épo que est ou n'est pas complètement écoulée. C'est simplement *un temps antérieur au présent : J'ai lu aujourd'hui, cette semaine, ce matin, il y a trois ans, etc.*

REMARQUE. C'est cette idée *d'antériorité* qui distingue tous les temps composés.

II. De même que le présent s'emploie pour le futur, le parfait, temps correspondant du présent, s'emploie pour le futur antérieur, temps correspondant du futur : *avez-vous bientôt fini ?* c'est-à-dire : *aurez-vous bientôt fini ?*

IMPARFAIT.

I. L'imparfait marque ordinairement un temps passé, mais présent relativement à un autre qui est également passé. *Je lisais quand vous êtes entré.*

Le temps corrélatif de l'imparfait n'est quelquefois que dans le sens : *Je prouverai que vous étiez dans l'erreur*, sous-entendu, *quand vous disiez telle ou telle chose.*

II. L'imparfait exprime encore l'habitude, la durée.

ON DIT AVEC LE PARFAIT :	ON DIT AVEC L'IMPARFAIT :
Qu'avez-vous fait hier? On marque une chose qui a pu n'occuper qu'une partie de la journée.	*Que faisiez-vous hier?* On marque une chose qui a duré une bonne partie de la journée.

III. Après *comme si*, on met l'imparfait pour le présent : *Il agit comme s'il était le maître,* pour *comme s'il est le maître.*

PLUSQUE-PARFAIT.

I. Le plusque-parfait présente une chose comme *passée* à l'égard d'une autre qui l'est également. Le plusque-parfait est donc le temps antérieur de l'imparfait qui désigne une époque comme *présente* à l'égard d'une autre qui est passée.

II. Après *comme si*, on met le plusque-parfait pour le parfait : *Il se vante comme s'il avait remporté la victoire*

On peut encore remarquer ici la correspondance des temps.

AORISTE.

I. L'aoriste indique une action qui a eu lieu à une époque complètement écoulée à l'instant où l'on parle : *je lus hier, l'année passée*.

On ne dira pas : *je lus aujourd'hui, cette semaine, cette année*, parce que le jour, la semaine, l'année ne sont pas complètement écoulés. On ne dira même pas : *je lus ce matin*, parce que le matin fait partie du jour où l'on parle.

II. L'aoriste est donc le passé par excellence. C'est le temps propre aux récits historiques.

Le parfait désignant comme l'aoriste une chose passée à l'instant où l'on parle, on trouve souvent ces deux temps employés l'un pour l'autre. Le parfait indique pourtant quelque chose de moins éloigné.

AORISTE ANTÉRIEUR.

L'aoriste antérieur annonce une chose qui a eu lieu avant une autre exprimée par l'aoriste : *je lus quand j'eus joué*.

FUTUR.

Le futur exprime qu'une chose aura lieu dans un temps qui suivra celui où l'on parle : *je lirai, je chanterai demain*.

FUTUR ANTÉRIEUR.

I. Le futur antérieur marque une chose qui aura lieu avant une autre désignée par le futur : *j'aurai fini quand vous arriverez*.

II. Il y a encore une autre différence entre le futur et le futur antérieur.

LE FUTUR	LE FUTUR ANTÉRIEUR
Marque la durée :	Marque la fin d'une action :
Je finirai mon devoir en une heure.	*J'aurai fini mon devoir dans une heure.*

III. Après *si*, dans les complétives indirectes, le présent se met pour le futur, et le parfait pour le futur antérieur :

Vous me ferez plaisir si vous lisez ce livre pour *si vous lirez.*

Je vous récompenserai si vous avez lu ce livre dans une heure, pour *si vous aurez lu.*

REMARQUES.

I. On est quelquefois embarassé de savoir s'il faut mettre après *que*, dans une proposition complétive ou subjective, le présent ou l'imparfait. Pour lever toute difficulté, il suffit de supprimer le conjonctif. Le sens indique alors clairement quel est le temps qu'il faut choisir.

Je vous ai dit que la terre tourne.	*Je vous ai dit : la terre tourne.*
Je vous ai dit que votre frère demeure maintenant à Paris.	*Je vous ai dit : votre frère demeure maintenant à Paris.*
Je vous ai dit que votre frère demeurait l'an dernier à Paris.	*Je vous ai dit : votre frère demeurait l'an dernier à Paris.*
Je vous ai demandé si vous avez voyagé.	*Je vous ai demandé : avez-vous voyagé ?*
Je vous ai demandé si vous aviez fini votre devoir quand je suis entré.	*Je vous ai demandé : aviez-vous fini votre devoir quand je suis entré ?*

II. Cependant si la chose *présente* relativement au premier verbe, était *passée* à l'instant où l'on parle, il faudrait se servir de l'imparfait au lieu du présent : *J'ai été chez votre père, et l'on m'a dit qu'il n'était pas chez lui en ce moment.*

On trouve même dans les bons auteurs l'imparfait, pour le présent, quand le premier verbe est à l'imparfait, au parfait ou au plusque-parfait : *Solon avait supposé que le parricide n'était pas dans l'ordre des choses possibles.*

7

CONDITIONNEL.

Le conditionnel renferme ordinairement un sens d'opposition. D'autres fois, il sert seulement à adoucir l'affirmation.

On dira avec le conditionnel :	On dira avec l'indicatif :
Je chanterais si je pouvais. (Mais je ne chanterai pas.)	*Je chanterai si je puis.* (J'essaierai au moins de chanter.)
A l'en croire, l'accusé aurait déclaré ses complices. (Mais il n'a peut-être pas déclaré.)	*Personne n'a dit cela de votre ami.* (On ne le dit pas davantage maintenant.)
Vous feriez bien de l'interroger. (Je n'affirme pas positivement.)	*L'accusé a déclaré ses complices.* (Il a déclaré, cela est regardé comme sûr.)
Voudriez-vous me dire ? (J'ose à peine demander une réponse. C'est la forme d'interrogation la plus civile.)	*Vous ferez bien de l'interroger.* (J'affirme positivement.) *Voulez-vous me dire ?* (J'attends une réponse.)

Ce mode s'appelle *Conditionnel*, parce qu'il est souvent accompagné de quelque condition annoncée par *si*.

FUTUR DU CONDITIONNEL.

I. Le futur du conditionnel répond comme le nom l'indique au futur de l'indicatif :

Je chanterais si je pouvais. — Je chanterai si je puis.

II. Dans les complétives ou les subjectives, le futur du conditionnel marque une chose à venir relativement à un passé, mais déjà faite à l'instant où l'on parle : *Thémistocle prévoyait que les Athéniens seraient un jour les maîtres de la mer.*

III. Mais si la chose est encore à faire à l'instant où l'on parle, il faut se servir du futur de l'indicatif : *Je savais bien que vous partirez demain.*

Exception. Néanmoins après les verbes *croire, espérer, douter si, ne pas savoir si*, le verbe se met au conditionnel : *Je croyais qu'il viendrait demain*; *je ne savais pas s'il viendrait demain.*

IV. Le futur du conditionnel se met quelquefois pour le présent : *à l'entendre dire, votre frère travaillerait maintenant.*

FUTUR ANTÉRIEUR DU CONDITIONNEL.

Le futur antérieur du conditionnel répond aussi au futur antérieur de l'indicatif.

Si tu m'en croyais, tu jouerais seulement quand tu aurais fini ton devoir.	*Si tu m'en crois, tu joueras seulement quand tu auras fini ton devoir.*

Il s'emploie souvent dans le sens du passé : *J'aurais chanté hier si j'avais pu.*

REMARQUES.

1. On ne dit pas : *Je chanterais si je pourrais; j'aurais chanté si j'aurais pu.* Le verbe de la complétive circonstancielle d'un conditionnel se met à l'imparfait pour remplacer le futur du conditionnel, et au plusque-parfait pour remplacer le futur antérieur du même mode : *Je chanterais si je pouvais. j'aurais chanté si j'avais pu* (1).

2. On peut dire aussi, avec l'aoriste antérieur du subjonctif : *J'aurais chanté si j'eusse pu.*

IMPÉRATIF.

L'impératif ajoute au verbe la signification d'un commandement. Il est employé pour le présent et pour le futur : *travaille aujourd'hui ; repose-toi demain.*

SUBJONCTIF

I. Le subjonctif est, comme on a vu, un mode particulier aux propositions subordonnées.

II. Le verbe *savoir* est le seul dont le subjonctif soit en usage dans une proposition prin-

---

(1) Il existe un grand rapport entre l'imparfait, le plusque-parfait et le conditionnel. M. Thurot les a réunis dans un seul mode qu'il appelle *simultané.*

cipale expositive : *Je ne sache pas que la morale change suivant les conditions.*

III. Chaque temps du subjonctif a d'abord un sens analogue à celui du temps correspondant de l'indicatif.

SUBJONCTIF.	INDICATIF.
PRÉSENT : *Je doute qu'il lise.*	*Je crois qu'il lit.*
PARFAIT : *Je doute qu'il ait lu.*	*Je crois qu'il a lu.*
AORISTE : *Personne ne se tut quoiqu'ils parlassent.*	*Tout le monde se tut lorsqu'ils parlèrent.*
AORISTE ANTER: *Il se montrèrent ingrats quoiqu'ils eussent tout obtenu de lui.*	*Ils se montrèrent ingrats lorsqu'ils eurent tout obtenu de lui.*

IV. Nous allons ajouter quelques nouvelles observations sur chaque temps.

PRÉSENT.

Le présent du subjonctif peut aussi marquer le futur : *je ne crois pas qu'il lise demain.*

PARFAIT.

Le parfait n'a pas d'autre sens.

AORISTE.

L'aoriste a souvent le sens de l'imparfait.
Je croyais qu'il lisait.—Je ne croyais pas qu'il lût.

AORISTE ANTÉRIEUR.

L'aoriste antérieur répond aussi au plus-que-parfait.
Je croyais que vous aviez lu. — Je ne croyais pas que vous eussiez lu.

Correspondance des modes personnels.

I. Le subjonctif et le conditionnel marquant tous les deux l'incertitude, il en résulte que les temps de l'un peuvent souvent être substitués aux temps de l'autre.

1º Le futur du conditionnel est quelquefois remplacé par l'aoriste du subjonctif après un verbe qui régit le subjonctif *accidentellement*, à cause d'une négation, d'une interrogation ou de la conjonction *si*.

Je crois qu'on se plaindrait si vous agissiez ainsi. | *Je ne crois pas qu'on se plaignît si vous agissiez ainsi.*

2º Le futur antérieur du conditionnel peut être remplacé par l'aoriste antérieur du subjonctif :

J'aurais chanté si j'avais pu. — J'eusse chanté si j'eusse pu.

On se rappelle que *si j'avais pu* est pour *si j'aurais pu*.

EXCEPTION. Dans ces sortes de phrases où le conditionnel est employé pour le parfait de l'indicatif, il n'est pas permis de mettre le subjonctif.

Cette personne aurait dit, pour *elle a dit*.

Mais on aurait observé, pour *mais on a observé*.

3º Le futur simple et le futur antérieur du conditionnel doivent être remplacés, le premier par l'aoriste, le second par l'aoriste antérieur du subjonctif, après un verbe qui régit *nécessairement* ce mode.

On croit qu'il essuierait les larmes de sa mère. | *On craint qu'il n'essuyât les larmes de sa mère.*
Je crois que vous auriez chanté si vous aviez pu. | *Je ne doute pas que vous n'eussiez chanté si vous eussiez pu.*

REMARQUE.

On pourrait dire aussi : *On craint qu'il n'essuie;* mais ce serait alors dans un sens analogue à celui du futur de l'indicatif : *On croit qu'il essuiera.* Le sens négatif du conditionnel aurait disparu.

II. Voici un tableau qui présente la correspondance entre les temps du subjonctif et ceux de l'indicatif ou du conditionnel.

INDICATIF.		SUBJONCTIF.
Présent.		
Futur.	}	Présent.
Parfait.	-	Parfait.
Imparfait.		
Aoriste.		Aoriste.
Futur du conditionnel	)	
Plusque parfait.		
Aoriste antérieur.	}	Aoriste antérieur.
Futur a. du conditionnel.	)	

III. De toutes les observations que nous venons d'établir, on pourrait déduire une règle générale sur l'emploi des temps du subjonctif.

Lorsqu'un mot régit le subjonctif, il faut le remplacer par un autre qui régisse l'indicatif. Le temps que l'on obtient par ce moyen fait connaître celui du subjonctif que l'on doit employer.

Je dirai avec le subjonctif :	Parce qu'on peut dire avec l'indicatif,
Il a fallu qu'il se soit donné bien des peines.	*Il m'a paru qu'il s'est donné bien des peines.*
Je l'ai connu laquais avant qu'il fût commis.	*Je l'ai connu laquais lorsqu'il n'était pas encore commis.*
J'évite sa présence de peur que mon trouble ne me trahisse.	*J'évite sa présence de manière que mon trouble ne me trahira pas.*
Je voudrais que vous fussiez heureux.	*Je croyais que vous seriez heureux.*

(Quand la phrase commence par un conditionnel, comme dans le dernier exemple, on le remplace par un des temps correspondants de l'indicatif dans le tableau ci-dessus.)

IV. Mais quoique cette règle soit incontestable en principe, l'application en est souvent difficile à cause du changement qu'elle nécessite. Nous allons donc poser subsidiairement les règles données par les grammairiens, quoiqu'elles soient moins rigoureuses.

I.

Quand le premier verbe est au présent ou au futur, on met :

1º Le présent de subjonctif pour marquer le présent où le futur.

2º Le parfait du subjonctif pour marquer le passé.

Je doute, je douterai
(Que vous lisiez maintenant, demain.
(Que vous ayez lu hier.

II.

Quand le premier verbe est à un passé ou au conditionnel, on met :

1º L'aoriste du subjonctif pour marques le présent ou le futur.

2º L'aoriste antérieur du subjonctif pour exprimer le passé.

J'ai douté, je doutais, je doutai, je douterais, j'avais douté, etc.
(Que vous lussiez maintenant demain.
(Que vous eussiez lu hier.

INFINITIF.

Nous avons vu que l'infinitif est une espèce de substantif qui tient du verbe en ce qu'il en a la signification et le complément.

L'infinitif simple a le sens du présent et celui du futur :

PRÉSENT : *Je veux lire maintenant.* FUTUR : *J'espère lire demain.*

PARTICIPE.

Nous avons aussi vu que le participe est une espèce d'adjectif qui tient du verbe en ce qu'il en a la signification et le complément.

Définitions des modes et des temps.

De tout ce que nous avons dit sur les modes et les temps on peut tirer les deux définitions suivantes.

1º Un mode est la forme du verbe qui sert à

exprimer une circonstance particulière sous laquelle on envisage l'action.

2º Un temps est la forme du verbe qui sert à exprimer l'époque où une chose a lieu.

MODES ET TEMPS DU PASSIF.

Les remarques précédentes s'appliquent également au passif.

Nous observerons seulement sur cette voix que chaque temps principal peut aussi avoir la signification de son temps antérieur.

Je suis délié signifie	(*On me délie.* (*On m'a délié.*
J'étais délié signifie	(*On me déliait* (*On m'avait délié.*
Je serai délié signifie	(*On me déliera.* (*On m'aura délié.*

* N. B. Cela tient à ce que le participe passif ayant la signification du présent et celle du passé peut marquer une époque présente ou antérieure relativement à celle qui est exprimée par l'auxiliaire.

DU SENS PROPRE ET DU SENS FIGURÉ.

I. Chaque mot a une signification particulière qu'on appelle *sens propre.*

Il peut avoir plusieurs autres significations qu'on nomme *sens figurés.*

Exemple : PAS.

Pas dans le sens propre signifie la manière, l'action de marcher : *il marche à grands pas.*

Les principaux sens figurés de ce mot sont :

1º La trace des pieds : *j'ai vu ses pas dans la neige.*

C'est la cause pour l'effet.

2º Le passage : *j'étais sur le pas de la porte.*

C'est l'action (de marcher) prise pour le lieu où elle se passe.

3º La préséance : *J'ai le pas sur vous.*

C'est le signe de la préséance pour la préséance même.

C'est le signe pour la chose signifiée.

II. En général les mots peuvent être figurés :

1º Par extension, quand ils ont une signification plus étendue que dans le sens propre : FERRER *d'argent* ; FEUILLE *de papier* ; *une flotte de cent* VOILES ;

2º Par restriction, en adoptant une signification moins étendue que dans le sens propre : *L'orateur romain* pour dire *Cicéron* ;

3º Quand on prend la cause pour l'effet : *Vivre de son travail*.

4º L'antécédent pour le conséquent :

Il est tombé sur le champ de bataille, c'est-à-dire : *il est mort*.

5º Le conséquent pour l'antécédent :

Un vin de quatre feuilles, pour *un vin de quatre ans*. Chaque année amène de nouvelles feuilles.

6º Le nom du lieu où une chose se fait pour la chose elle-même : *Un damas*, c'est-à-dire, un sabre fait à Damas.

7º Le contenant pour le contenu :

Il aime la bouteille, pour *il aime le vin*.

8º Le signe pour la chose signifiée :

Le sceptre, pour *la royauté*.

9º La matière pour la chose qui en est faite :

Les fers, pour *les chaînes*.

10º Un mot est encore figuré par comparaison :

Le feu de vos regards ; *cet homme est un lion*.

Cette dernière figure qui est d'un fréquent usage s'appelle *métaphore*.

Une *métaphore* est souvent continuée dans une ou plusieurs propositions : *le feu de vos regards a embrâsé mon âme* (1).

DES SYNONYMES, DES HOMONYMES ET DES HOMO-GRAPHES.

On nomme *synonymes* les mots qui ont à-peu-près le même sens : *mari, époux.* — *marquer, indiquer, désigner.*

Souvent des mots et des locutions paraissent synonymes sans pouvoir être employés indifféremment l'un pour l'autre. Exemples :

Bosseur, bosseler.

Bosseur, faire des bosses à la vaisselle.
Bosseler, travailler en bosse.

Consommer, consumer.

Consommer marque l'anéantissement d'une chose par l'usage qu'on en fait : *consommer les vivres.* Ce mot signifie aussi *accomplir*.

Consumer, exprime la destruction successive d'une chose ; il se dit proprement du feu, et par analogie du temps, du mal : *le feu a consumé tout l'édifice, le temps consume tout, cette maladie l'a consumé.*

Matinal, matineux.

Matinal, qui s'est levé matin.
Matineux, qui a l'habitude de se lever matin.
L'étoile du matin s'appelle *l'étoile matinière.*

Capable, susceptible.

Capable, se dit des personnes : *cet homme est capable de tout.*

---

(1) Il sera bon d'exercer fréquemment les élèves sur ce paragraphe.

Susceptible, se dit des choses : *cette méthode est susceptible d'améliorations*.

EXCEPTIONS.

Cependant *capable* se dit des choses quand il exprime une idée de contenance : *cette salle est capable de contenir mille personnes*.

Susceptible se dit des personnes quand il signifie *facile à blesser : cet homme est susceptible*.

Prêt à , près de.

Prêt à signifie *disposé à : il est prêt à partir*.

Près de signifie *sur le point de : il est près de partir*.

Ce qui plaît, ce qu'il plaît.

Ce qui plaît, ce qui est agréable.

Ce qu'il plaît, ce que l'on veut.

Vous m'avez demandé ce qui me plaît (ce qui m'est agréable) *parmi ces marchandises : achetez-moi ce qu'il vousplaira* (ce que vous voudrez).

Les mots qui ont la même prononciation sans avoir le même sens s'appellent *homonymes: saut, sceau, seau, sot; plutôt, plus tôt*. (*Plutôt* signifie *de préférence, plus tôt, de meilleure heure, plus vîte*).

Quand les mots s'écrivent de la même manière, ils se nomment *homographes : botte* (de foin), *botte* (chaussure), *botte* (coup de fleuret).

DÉFINITIONS.

Nous avons défini dans le cours de cet ouvrage le *verbe*, la *préposition*, l'*adverbe*, l'*interjection*, la *conjonction* et le *conjonctif*.

Il nous reste à définir le *substantif*, l'*adjectif*, l'*article* et le *pronom*.

SUBSTANTIF.

I. Nous ne connaissons une chose que par les qualités qui la constituent.

Parmi ces qualités, les unes sont communes à tout ce qui existe.

Les autres sont particulières à certains objets et servent à les distinguer de ceux qui n'en sont pas pourvus.

Ainsi, quand nous avons l'idée d'une chose, nous avons l'idée de ses qualités distinctives.

Mais quand la chose est une fois connue, on lui donne un nom (1), et ce nom, quand on le prononce, réveille aussitôt une idée claire et complète de la chose qu'il exprime.

Ce nom s'appelle substantif. Donc :

Un substantif *est le nom d'un objet considéré comme l'ensemble des qualités par lesquelles nous le distinguons.*

Toutefois, les nuances qui séparent les êtres sont tellement variées qu'il eût été impossible de donner un nom particulier à chaque objet qui se fût présenté avec une qualité particulière. On a donc été obligé d'appeler du même nom plusieurs êtres qui se ressemblent par des qualités communes.

Par exemple, tous les *êtres vivants* ont été appelés *animaux*, parmi les animaux, tous ceux qui ont quatre pieds ont reçu le nom de *quadrupèdes*. Entre les quadrupèdes ceux qui se distinguent par telle ou telle qualité de configuration ont été nommés *chiens, chevaux, lions,* etc.

Les *êtres* forment un *genre*.

Les *animaux*, une espèce.

Les *animaux* eux-mêmes sont un genre relativement aux *quadrupèdes*; les quadrupèdes,

---

(1) Ce nom est d'abord un nom propre. Il devient ensuite un nom commun quand on l'applique à un genre, à une espèce. Ainsi la collection des règles d'une langue s'appelle Grammaire; ce mot est un nom propre qui s'écrit avec une majuscule.

Ensuite les collections de règles faites par divers auteurs forment des *grammaires*, et ce substantif est commun, relativement aux *chiens*, aux *chevaux* etc, et ainsi de suite.

ADJECTIF.

II. Maintenant, si l'on veut distinguer un individu dans toute une espèce, on ajoute au nom de l'espèce celui d'une qualité distinctive : *cheval* BLANC, *habit* ROUGE, CE *cheval*, MON *habit*.

Le mot qui est *particulièrement* destiné à cet usage est l'adjectif. Donc :

L'adjectif *est un mot qui exprime une qualité, une manière d'être du substantif qu'il accompagne.*

Les adjectifs DÉTERMINATIFS *expriment une qualité qui n'est susceptible ni de plus ni de moins.* Aussi *déterminent*-ils *l'étendue* d'un mot, c'est-à-dire, le nombre des objets auxquels ce mot est appliqué actuellement, parmi tous ceux auxquels il convient.

Les adjectifs QUALIFICATIFS *expriment une qualité susceptible de plus ou de moins.* Ils ne déterminent par *l'étendue* d'un substantif, ils en augmentent seulement la *compréhension*, c'est-à-dire, le nombre des qualités que le substantif comprend.

Ainsi quand je dis *beaux livres*, *beaux* ne détermine pas le nombre des livres dont je veux parler, il ajoute seulement à *livres* une qualité distinctive de plus. Mais si je dis *ces beaux livres*; *ces* fait connaître, détermine, le nombre des livres que j'indique.

Observez encore qu'un déterminatif devient qualificatif lorsqu'il est après le nom.

Nul est déterminatif dans *nul homme*, et qualificatif dans *c'est un homme nul.*

FORMATION DES SUBSTANTIFS ABSTRAITS.

La qualité marquée par l'adjectif peut elle-même être conçue comme détachée de son sujet, et comme le résultat, la réunion de plusieurs autres qualités. L'adjectif peut donc aussi être regardé quelquefois comme un substantif : *le blanc, le rouge, le noir*, etc.

L'usage a souvent modifié la terminaison, et, avec elle, le genre du mot :

Le blanc, le juste, le vraisemblable.
La blancheur, la justice, la vraisemblance. (1)

Les substantifs formés de cette manière, et qui n'expriment aucun objet réellement existant, s'appellent substantifs *abstraits* (2).

Quelquefois un substantif a donné lieu à la formation d'un adjectif. Du substantif *homme* s'est formé l'adjectif *humain*, et ce dernier à son tour a formé le substantif abstrait *humanité*.

ARTICLE.

III. On a pu remarquer que les substantifs et les mots pris substantivement sont ordinairement précédés de l'article. Donc :

L'article *est une espèce d'adjectif démonstratif dont le principal usage est d'annoncer un substantif ou un mot pris substantivement.*

PRONOM.

Les pronoms *sont de vrais substantifs* dont quelques-uns servent à remplacer un ou plusieurs mots déjà exprimés.

Les seuls pronoms qui méritent de former une classe distincte sont les pronoms personnels, et particulièrement ceux de la première et de la seconde personne, parce qu'ils forcent le verbe à

---

(1) On observe pourtant une différence entre *le blanc* et *la blancheur*, *le juste* et *la justice*, etc. *Le blanc, le juste*, désignent une qualité qui est censée exister par elle même ; *la blancheur*, *la justice*, supposent un objet dans lequel ces qualités subsistent.

(2) Il y a aussi des noms abstraits formés des verbes, comme *la crainte*, *l'amour*, etc.

revêtir des formes qui leur sont appropriées. Encore la dénomination de *pronom* ne convient ni à leur nature ni à leur emploi.

Les autres pronoms sont, pour la plupart, des adjectifs pris substantivement, comme *le, la, les, ce, le mien, le tien, chacun* pour *chaque un, autrui* du latin *alteri, autres.*

On, l'on, sont l'abrégé de *homme, l'homme.*

LOCUTIONS VICIEUSES.

A l'imitation de plusieurs grammairiens, nous terminerons par une liste de quelques locutions vicieuses. Cette liste ne peut être que fort incomplète. Chaque province a ses barbarismes, ses solécismes de prédilection. C'est au professeur éclairé d'en faire un recueil dont ses élèves puissent profiter.

DITES :	NE DITES PAS :
Au faîte.	Au fait (au haut).
Bruine (il)	Brouillasse (il).
Cacophonie.	Cacaphonie.
Fragile.	Casuel.
Colophane.	Colaphane.
Considérable.	Conséquent (un bien).
Cloche-pied.	Croche-pied (à).
Dégingandé.	Déguingandé.
Dinde (une).	Dinde (un).
Brouillamini.	Embrouillamini.
Frangipane.	Franchipane.
Gésier.	Gigier.
Railler.	Gouailler.
Midi (sur le). } Il est permis de dire : sur les une heure.	Midi (sur les).
Minuit (sur le).	Minuit (sur les).
Misérable.	Minable.
Passante (rue).	Passagère (une rue).
Pied-de-roi.	Pied-droit (mesure).

DITES :	NE DITES PAS :
Rancunier.	Rancuneux.
Souquenille.	Souguenille.
Semoule.	Semouille.
Taie (d'oreiller.)	Tête (d'oreiller).
Avoir mal à la tête, à la jambe.	Avoir mal à sa tête, à sa jambe.
Avant que je vienne.	Avant que je ne vienne.
Défendre qu'on dise.	Défendre qu'on ne dise.
Avoir affaire à quelqu'un.	Avoir à faire à quelqu'un.
Faire ses excuses, demander pardon.	Demander excuse.
Epargner une peine à quelqu'un.	Eviter une peine à quelqu'un.
Regarder fixement quelqu'un.	Fixer quelqu'un.
S'imaginer que.	Imaginer que.
Avoir une mauvaise santé.	Jouir d'une mauvaise santé.
Faire observer à quelqu'un.	Observer à quelqu'un.
Prier quelqu'un à dîner. (*Prier* est ici pour *inviter à*)	Prier quelqu'un de dîner.
Tout de suite (sur le champ).	De suite.
Également.	Tout de même.

L'emploi des pronoms *il*, *on*, *qui*, etc., est souvent une cause d'obscurité ou d'équivoque. Quand on en met deux dans la phrase, il faut qu'ils représentent le même objet. Ce serait donc une faute de dire : *on ne lira pas sans intérêt un ouvrage où l'on a célébré les plus belles époques de la monarchie française*. Celui qui lira et celui qui a célébré ne sont pas la même personne. Il faut changer un des *on*, et dire, par exemple, *personne ne lira*, etc. (Gueroult.)

FIN.

TABLE DES MATIÈRES.

LISTE DES MOTS ET DES LOCUTIONS LES PLUS REMARQUABLES.

des Journées employées aux

Art.				
Sommes.	Jours.	Prix.	Sommes.	

Art.			
Jours.	Prix.	Sommes.	Jours.